Politik

Michaela Alsing

TeS'i 76

v. Thomas

Heinrich Böll, Rudi Dutschke, Erich Fried, Claus Menzel, Helga Reidemeister, Johannes Schenk, Otto Schily, Richard Schmid, Klaus Stiller, Christa Wachenfeld, Klaus Wagenbach

Die Erschießung des Georg v. Rauch

Politik
(Sonderband)

Wagenbach

Druck: aprinta, Wemding
Bindung: Hans Klotz, Augsburg

ISBN 38031 1000 9

INHALT

Exkurs über Mord (Der erste Prozeß, 1974)

Die Erschießung als Üble Nachrede (Der zweite Prozeß, 1975)

Nachspiel

Folgerungen und Folgen

Blick in die Eisenacherstraße vom Balkon der Zeugin W.

In der Verlängerung geradeaus die Kleiststraße, links die Fuggerstraße.

Der 'Tatort', das Möbelgeschäft, befindet sich in der Bildmitte, über der Straßenlampe.

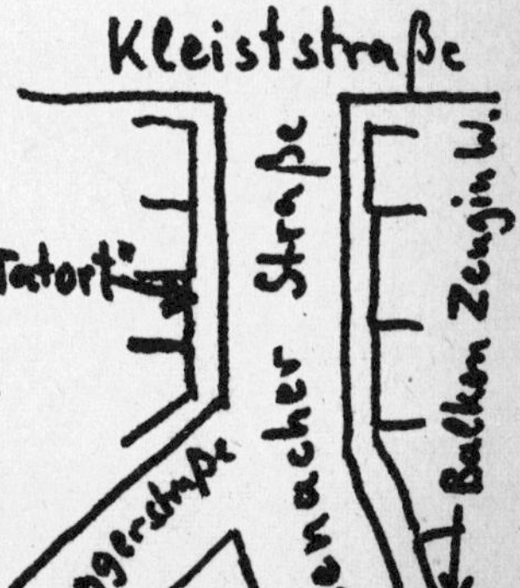

Vorwort

Am 4.12.1971 wurde Georg von Rauch in der Eisenacher Straße in Berlin im Rahmen einer "Großfahndung" von einem Polizisten erschossen. Georg von Rauch hat nicht geschossen. Ein Gerichtsverfahren gegen den Polizisten fand nicht statt.

1973 erwirkte der Berliner Polizeipräsident einen Strafbefehl gegen Klaus Wagenbach, weil in einem der Bücher des Verlages zu lesen war, Georg von Rauch (und auch Benno Ohnesorg) seien "ermordet" worden. Im ersten Verfahren wurde Klaus Wagenbach freigesprochen, in der von Polizeipräsident und Staatsanwaltschaft angestrengten Berufung 1975 verurteilt. Die EHRE der Berliner Polizei ist wiederhergestellt. Ob es allerdings der Berliner Polizei zur EHRE gereicht, daß auf ihren Antrag hin als einziger in Sachen der von ihr erschossenen Benno Ohnesorg und Georg von Rauch einer der Kritiker dieser Schüsse verurteilt wurde, steht dahin.

Die politische Entwicklung freilich ist deutlich: Als am 2.Juni 1967 Benno Ohnesorg erschossen wurde, wurde der Todesschütze zwar freigesprochen, aber er mußte sich in zwei Gerichtsverfahren verantworten, wurde später entlassen und auch der Polizeipräsident dankte ab. 1971 war das schon anders - der Schütze wurde gar nicht mehr angeklagt, der Polizeipräsidentenstuhl wackelte nur ein wenig (allerdings offenbar genug, um künftig jedes Rütteln als 'Ehrverletzung' anzusehen), aber auch seinerzeit mußte eine liberale Öffentlichkeit noch beruhigt werden mit höchst zweifelhaften 'Schußgutachten' und nachgestellten Filmen vom 'Tathergang'.1975 schließlich reichen dann solche lückenhaften Unterlagen bereits aus, die liberale Öffentlichkeit (daß es sich um einen 'linken Verleger' handelt, ist ein mehr taktisches Alibi) per Gerichtsurteil zum Schweigen zu bringen. Insofern ist dieser Prozeß (das belegen auch Dauer und Aufwand) ein Musterprozeß. 1975 ist auch das Jahr, da in der Bundesrepublik Deutschland Spezialgesetze für einen Spezialprozeß erlassen wurden, da öffentlich über die "Freigabe des (polizeilichen) Todesschusses" diskutiert und ein Gesetz vorgelegt wird, das Zensur fordert, aber "Gesetz zum Schutz des Gemeinschaftsfriedens" heißt.

Diese Materialsammlung ist Stückwerk: es stand uns fast nur beschnittenes, ausgewähltes oder aufbereitetes Material zur Verfügung. Abschriften von Orginalen. Kopien nach Kopien. Reinzeichnungen eines 'Tatorts', an dem inzwischen teilweise schon andere Häuser stehen. Jahrealte Aktenauszüge. Mitschriften von Freunden und Journalisten im Prozeß. Unsere Materialsammlung besteht infolgedessen aus Montagen und Abbrüchen - wir hoffen, daß diese Abbrüche die Leser stimulieren. Sichtbar wird immerhin eine Polizei, die gegen sich selbst ermittelt, sich selbst die Aussagen genehmigt oder verweigert. Und sichtbar wird eine Justiz, der die von der Polizei in Sachen Polizei bereitgestellten Aktenauszüge für die Verurteilung eines Zivilisten genügen. Denn - so wörtlich im Urteil - diese Justiz "geht nicht davon aus, daß in Prozessen wie dem vorliegenden sämtliche vernommenen Polizisten bereitwillig Meineide leisten." Kennzeichnend die Unschuld eines aufrechten deutschen Landgerichtsrats, sich so etwas Eigenartiges wie Kollegialität innerhalb einer Berufsgruppe wie der Polizei vorzustellen. Und jenes grenzenlose Vertrauen in Uniformträger, das bei uns ja mehrfach Geschichte gemacht hat und also ein Studium lohnt.

"Wenn der Verlag Klaus Wagenbach wegen der Kostenlast liquidieren muß, dann ist das eben so" - dies erlaubte sich der Staatsanwalt zu sagen, im Schlußplädoyer eines Prozesses, für dessen Mammutarangement und also Mammutkosten (etwa DM 25.000.-) er hauptverantwortlich ist. Jeder der Dutzenden von Zeugen und auch noch der seltsamste der von ihm geladenen Sachverständigen muß von Klaus Wagenbach bezahlt werden. Ein eigenartiges Verfahren, den Prozeß, den man gegen sich selbst hätte anstrengen sollen, in der Form eines Beleidigungsprozesses gegen einen anderen zu führen und so für sich einen Freispruch (zwar zweiter Klasse, dafür aber sicher) herauszuschlagen...

Der Erlös aus dem Verkauf dieser Broschüre soll die Erfüllung solch dankenswert offen geäußerter staatsanwaltlicher Hoffnung verhindern helfen. Deswegen haben alle Autoren und Kompilatoren an dieser Broschüre kostenlos gearbeitet. Besonders herzlich dankt der Verlag Anne Jud, Helga Reidemeister und Christa Wachenfeld; aber auch allen anderen Helfern und Beratern: Peter Fischer, Jürgen Holtfreter, Wolfgang Lausch, Illo von Rauch, Bernd Zimmer. Die Abonnenten unserer Buchserie 'Politik' bitten wir um Nachsicht dafür, daß dieser Band nicht mit der gewohnten Ermäßigung geliefert wird.

Der Verlag

Benno Ohnesorg

Personenbeschreibung

Benno Ohnesorg	Student
Georg von Rauch	"Anarchist"
Michael Baumann	"
Werner Brockmann	"
Knoll	"
Thomas Weißbecker	"

Georg v. Rauch

Thomas Weißbecker

erschossen am 2.Juni 1967 während der Anti-Schah-Demonstration von dem freigesprochenen Todesschützen Kurras.

erschossen am 4.12.1971 während einer BM-Großjagd mit dem Stichwort "Trabrennen". Als einziger seiner Freunde Baumann, Brockmann und Knoll, die mit ihm am 4.12. in der Eisenacherstraße waren, kam er wenige Tage vor seiner Erschießung auf die BM-Fahndungsliste. Nachweislich nicht zugehörig zur Baader-Meinhof-Gruppe.

Im Untergrund. Gibt Interviews ("Spiegel") und veröffentlicht Memoiren.

seit 1973 im Gefängnis. Machte umfangreiche Aussagen.

lebt ebenfalls im Untergrund

erschossen am 2.3.1972 in Augsburg nach wochenlanger Observierung des Landeskriminalamtes, dem sein damals ständiger Aufenthaltsort bekannt war.

Angaben zur Person

NAME	AMTSBEZEICHNUNG BZW. DIENSTGRAD	ABTEILUNG
Unbekannt	Unbekannt	Sicherungsgruppe Bonn
Neubauer	Senator für Inneres	
Hübner	Polizeipräsident	
Frenz	KOR (Kriminaloberrat)	?
Kotsch	KK (Kriminalkommissar)	Leiter der Bomben-Sonderkommission (197o)
Deter	KHK (Kriminalhauptkommissar)	Leiter des Raubdezernats
Schulz	KHM (Kriminalhauptmeister)	Politische Polizei
Schiemann	PHM (Polizeihauptmeister)	"
Wanke	POW (Polizeioberwachtmeister)	"

entgegen einer Erklärung des Innenministers Genscher und des Senators für Inneres Neubauer war nach Informationen des Bundeskriminalamtes mindestens ein Mitglied der Sicherungsgruppe Bonn zwischen 2. und 4. Dezember 1971 in Berlin. Soll am Tag der Erschießung Georg von Rauchs nach Bonn abgereist sein.

Vorgesetzter von Polizeipräsident Hübner, verantwortlich für das Landesamt für Verfassungsschutz inklusive dessen V-Männer. Verweigert "zum Wohle des Landes Berlin" verschiedene Arten von Aussagegenehmigungen.

verantwortlich für Politische Polizei, Kriminalpolizei und deren V-Männer.

a) Fachlehrer für Kriminalistik, Lehrer von Schulz. b) Vernehmer des Todesschützen Schulz, um "noch bestehende Widersprüche auszuräumen".

unklar; tauchte u.a. ab 1969 in Georg von Rauchs Wohngemeinschaft als "väterlicher Freund" auf. Vorgesetzter des Todesschützen Schulz.

unklar; spricht zusammen mit Kotsch kurz nach der Erschießung zum erstenmal mit Schulz, ein Protokoll existiert bis heute nicht. Behauptet wenige Stunden später auf einer Pressekonferenz, Rauch sei "womöglich von seinen eigenen Tatgenossen erschossen worden".

ausführender Einsatzleiter des "Trabrennens". Fühlte sich "allein" bei der Erschießung von Georg von Rauch.

will nur Brockmann verfolgt haben und nicht zum Tatort zurückgekehrt sein.

Vorgesetzter von Haase, Gotthold, Brattumil, heute bei der Post beschäftigt, hat nichts gehört und nichts gesehen.

NAME	AMTSBEZEICHNUNG BZW. DIENSTGRAD	ABTEILUNG
Haase	KHM (Kriminalhauptmeister)	"
Gotthold	PM (Polizeimeister)	"
Brattumil	PM (Polizeimeister)	
Observant 13	?	Landesamt für Verfassungsschutz
Observant 19	?	"
Observant 5	?	Landesamt für Verfassungsschutz
Observant 7	?	"
V-Männer	?	Politische Polizei Kriminalpolizei

Zeugen:
Dorfi, Evers, Jung, Pfeffer, Zeugen I. und U. W. und auch 'Gemüsehändler' Hübner.

Sachverständige:

Hecht	Schußwaffenexperte
Krauland	Gerichtsmediziner
Habersbrunner	Verwaltungsfachmann, heute: Bayr. Landesamt f. Wasserwirtschaft. Nach Meinung der Berliner Staatsanwaltschaft "Schußwaffenexperte".
Weber	Staatsanwalt

Angeklagter: Klaus Wagenbach

Verteidiger: Otto Schily Richter: Seidel u.a.

Vorgesetzter von Gotthold und Brattumil, hat nie was von "Trabrennen" gehört.

kannte nur seinen Einsatzleiter Haase.

konnte sich nicht mehr erinnern, wo er gewesen war.

3o m vom Tatort entfernt, einmalige schriftliche Aussage im Dezember 1971. Darf kein Zeuge sein.

"

unklar; sollen Baumann, Brockmann, Knoll verfolgt haben.

"

"Ein V-Mann ist ein Mann des Vertrauens" (Pol. Präsident Hübner); unauffälliger Mitbürger und Nachbar, Berufe: z.B. Gemüsehändler.

Untersuchung der überiggelassenen Hülsen, Patronen und damals an- und abgegebenen Waffen

Obduktion

Verständiger Sachverständiger. Verfaßt das (entscheidende) Kurzgutachten nach zwei "Schreiben des Herrn Polizeipräsidenten in Berlin sowie versch. fernmündl. u. persönl. Rücksprache."

Einschlägig stadtbekannt in politischen Pressedelikten; "Freund des Verlages Wagenbach". Behauptet noch im Schlußplädoyer 1975, Rauch könne auch von 'eigenen Tatgenossen' erschossen worden sein. Siehe auch Deter.

Georg von Rauch

1947 in Marburg geboren
Vater Georg Alexander, Professor der Philosophie in Marburg, später Osteuropageschichte in Kiel. - Mutter Margaretha, ungelernt, Hausfrau. - Bruder Andreas Lehrer, Johann Heinrich Ingenieur.

1966 Heirat mit Illo, Malerin. Studium der Soziologie und der Philosophie in Kiel.

1967 Geburt der Tochter Yamin.
Die Erschießung des Studenten Benno Ohnesorg (2.Juni) war mitauslösend für den Entschluß, nach Berlin zu gehen. Eintritt in den SDS.

1968 Vietnam-Kongreß. Attentat auf Rudi Dutschke, als einschneidendes Ereignis. Beteiligung an vielen Demonstrationen. Mitarbeit an der von der Linken gegründeten Gegen-Universität in Berlin ("Kritische Universität"). Auseinandersetzungen mit der Geschichte des Anarchismus (Bakunin-Raubdruck). Leben in Wohngemeinschaft: Kinderladen-Initiative.

1969 Die "umherschweifenden Hasch-Rebellen" - eine provokative Gegengruppe zu den als dogmatisch abgelehnten ML-Parteiansätzen. "Knastcamp" in Ebrach (Solidaritätswoche mit politischen Gefangenen). Reisen mit Thomas Weißbecker.

197o Verhaftung (6.2.) in Berlin, mit Thomas Weißbecker. Anklage: "Nötigung, Körperverletzung, versuchter schwerer Raub." Anlaß: Rauch, Weißbecker und andere hatten einen Journalisten verprügelt, als 'exemplarische Strafaktion' gegen einen Hetztext in der Illustrierten "Quick". ("Ich bin ein Journalist und schreibe nur Mist").

1971 Prozeß, nach 14 Monaten Untersuchungshaft, gegen Georg von Rauch und Thomas Weißbecker. Am 9.7. Verurteilung von Georg von Rauch, Freispruch von Thomas Weißbecker. "Verwechslungs-go-out": Georg von Rauch verläßt an Stelle von Thomas Weißbecker den Moabiter Gerichtssaal und muß seitdem im Untergrund leben.
Am 4.12. in der Eisenacher Straße erschossen.

QUICK : ca. 11.2.70

Die Berliner zittern. Höllenmaschinen explodieren in Kaufhäusern, Wohnungen, Ämtern. Eine Terrorwelle soll die Stadt sturmreif machen für die Revolution. Die Bombenleger sind junge Wirrköpfe, die sich mit Haschisch aufputschen. Ihr Gott ist die Gewalt. Ihr Ziel Anarchie und Chaos.

QUICK : 25.2.70

Die Wahnsinnigen von Berlin laufen Amok. Der brutale und sinnlose Überfall auf Horst Rieck ist der letzte Beweis.

Die „Tupamaros" – zehn oder zwanzig rauschgiftsüchtige Bombenleger – haben ihr Ziel erreicht, sie haben eine Millionenstadt verunsichert. Wer heute in Berlin etwas gegen die Terroristen zu sagen wagt, der muß mit dem Schlimmsten rechnen. QUICK aber wird weiter die Wahrheit sagen, auch wenn sie den Hasch-Rebellen nicht paßt.

Anarchist
Georg von Rauch (22)

Anarchist
Thomas Weißbecker (20)

Verhaftungsfoto vom 9. Februar 197o abends in Tempelhof
Auf der Rückseite des Fotos Text von Georg: "Das Bild find ich Klasse. Es ist vom Kriminalkomissar KOTSCH* gemacht, nachdem ich mit Bommi und den anderen in käfigartigen Gehäusen stundenlang auf Holzbänken gelegen hatte. Dann plötzlich 'mein persönlicher Freund KOTSCH', danach dann die Vernehmung. Ein Verbrecher-Foto! Endlich bin ich ein Verbrecher mit dem Gesicht dazu. Das war mein Lieblingszellenschmuck."

---

*Kotsch tauchte schon 68/69 als 'väterlich- verständnisvoller Freund' in verschiedenen Wohngemeinschaften auf, in Zusammenhang mit der damals noch undurchsichtigen Rolle des V-Manns URBACH. Diese Rolle spielte Kotsch weiter und spielt sie wohl noch immer (so "betreute" er z.B. auch Annekathrin Bruhn, die Hauptbelastungszeugin im Kunzelmann-Prozeß).

Aus Briefen an Illo und Tochter Yamin:

"Ich krieg meine Identität nur, wenn alles identisch ist, mit Menschen und an Menschen, nicht an Problemen.
So müßte ich meine Identität finden können, so, wo alles drin ist, was ich mal theoretisch gemacht hab und was ich für ne praktische Geschichte hab (Eltern, Internat, Uni) und was ich machen werde, 'politisch' arbeiten mit identischen Leuten, mit Leuten, in denen ich identisch bin. Wo Aktion drin ist, Abenteuer, Leben, Lieben, Laufen (nur nicht Gehen), Schlendern, Sommer, gesellschaftliche Mächtigkeit und alles total."

"... lieber verzichte ich auf Mondfahrt und Mikroskop als auf menschliche Verhältnisse. Aber das Wichtige ist, daß sich das ja nicht auszuschließen braucht. Irgendwo bin ich doch Moralist..."

(An die Tochter)

"... mich haben sie ins Gefängnis gesteckt... sie wollen, daß wir aufhören, davon zu reden, daß die Welt viel schöner sein kann. Denn wir Menschen sollen nicht gegeneinander sein, sondern wir wollen alle zusammen sein und schöne Sachen machen: Flugzeugfliegen, Autofahren, Lieben, Sprechen, Malen, Musikmachen, Tanzen..."

Aus der Rede des Pfarrers am Sarg Georg von Rauchs 10. Dezember 1971 in Kiel

Ein Neudenken hat eingesetzt, ein von der Wurzel her Neudenken, ein Erkennen, daß Gerechtigkeit nur dann Gerechtigkeit ist, wenn sie bereit ist, für das Recht des anderen einzutreten - notfalls auch gegen das Gesetz. "Von der Wurzel her" heißt im Lateinischen "radikal" ,

und wir müssen einfach begreifen, daß Georg von Rauch und seine Freunde versucht haben, von der Wurzel her neu zu denken und zu arbeiten.
...... Es ist Georg von Rauch bei seiner Gerichtsverhandlung im Juli versagt worden, es laut zu sagen und anzuprangern, was ihm an Unrecht geschehen ist im Untersuchungsgefängnis Moabit - mit einer Handbewegung mit formal-juristischen Gründen vom Tisch gefegt. Diese Anklage hat er nicht mehr vorbringen dürfen.

Als ich heute morgen in der Zeitung las, daß ein vermutliches Mitglied der Baader-Meinhof-Gruppe im Untersuchungsgefängnis in Hamburg aus Protest gegen die dortige Behandlung in den Hungerstreik getreten ist, da wußte ich aus dem Erleben Georg von Rauchs, was das bedeutet. Das heißt: verschärfter Arrest in einer Fast-Dunkelzelle, in der man kein Fenster hat, in der man kaum lesen kann (als einziges Buch ist die Bibel erlaubt), Wasser und Brot sind nicht sprichwörtlich, sondern Tatsache - keine halbe Stunde Bewegungsfreiheit im Gefängnishof - und wenn man dagegen protestiert, wie Georg von Rauch es tat, dann ist Strafverlängerung in dieser Arrestzelle die Antwort.
Ich habe es nicht geglaubt, aber jetzt weiß ich es: Auch in Gefängnissen der Bundesrepublik geschehen Gewalttaten an politischen Gefangenen die wir sonst nur aus anderen Ländern kennen.

Wir können uns nicht mehr damit entschuldigen, daß wir das alles nicht gewußt hätten:

Wir haben miterlebt, daß Kurras (Polizist, der Benno Ohnesorg erschoß. Anm.d.Red.) zur Hauptverhandlung und zu seinem Freispruch im Jägeranzug erschien - "Schütze im Jägernzug" - Gedankenlosigkeit oder Zynismus? Wir haben am vergangenen Sonnabendmorgen in den Zeitungen gelesen, daß die Berliner Polizei mit 3000 Mann zur "Jagd" angetreten sei. Als dann aber abends die "Jagd" beendet war, da hat kein einziger daran gedacht, die Angehörigen vom Tode Georg von Rauchs zu benachrichtigen. Das überließ man der Tagesschau. Gedankenlosigkeit oder Sadismus? .....

Ich kann mich mit Georg von Rauch und seinen Freunden nicht identifizieren - eine solche plumpe Anbiederung würden sie sich auch mit Recht verbitten.
Aber ich solidarisiere mich mit ihnen!...

BZ : 9.12.71

Tumulte in Kreuzberg

Nach einem Teach-in in der Technischen Universität zum Tode des Mitglieds der Baader-Meinhof-Bande, Georg von Rauch, fuhren gestern abend etwa 300 Teilnehmer dieser Versammlung zum ehemaligen Bethanien-Krankenhaus in Kreuzberg. In einem Flugblatt war zu einer „Besetzung" aufgerufen worden. Die Zettel waren während der Veranstaltung verteilt worden.

Gegen 21 Uhr 30 wurde die Polizei alarmiert, als Demonstranten in die Gebäude des Bethanien-Krankenhauses eindrangen. Sie waren vorwiegend in Personenautos in die Gegend um den Mariannenplatz gefahren.

Unter Einsatz von Tränengas und Schlagstöcken zerstreute die Polizei eine Ansammlung von etwa 150 Personen auf dem Mariannenplatz. Zuvor hatten sie alle verfügbaren Einsatzkräfte aus Kreuzberg, Neukölln und Tempelhof sowie Bereitschaftspolizei zusammengezogen.

Während des Polizeieinsatzes wurden wiederholt Funkstreifen und andere Polizei-Fahrzeuge mit Steinen beworfen. Zerstreute Demonstranten blockierten in den umliegenden Straßen mehrmals den Straßenverkehr.

Bei Redaktionsschluß hielten noch etwa 150 Personen einzelne Gebäude des ehemaligen Bethanienkrankenhauses besetzt. Die Polizei zog zu diesem Zeitpunkt Kräfte zusammen, um das Gelände zu räumen. L. R.

aus: KÄMPFEN, LEBEN, LERNEN. Rauch-Haus-Buch'72

Die Großfahndung nach der Baader-Meinhof-Bande

Berlin, den 3.12.71

KI E I

P r e s s e m e l d u n g

Großfahndung

Zwischen dem Banküberfall in Hermsdorf am 22.11.71, dem Überfall auf die Kasse der TU am 29.11.71 und dem versuchten Mord an dem Polizeibeamten in Tiergarten, Siegmundshof, am 21.1o.71 bestehen sachliche Zusammenhänge. Diese Gewaltverbrechen sind einer gefährlichen kriminellen Gruppe zuzuschreiben.

Zu dieser kriminellen Gruppe gehören u.a.

Ulrike	M e i n h o f
Andreas	B a a d e r
Gudrun	E n s s l i n
Manfred	G r a s h o f
Marianne	H e r z o g
Jan-Carl	R a s p e
Holger	M e i n s
Bernhard	B r a u n
Georg von	R a u c h
Ralf	R e i n d e r s
Ilse	S t a c h o w i a k

Es wird nochmals auf die Gefährlichkeit dieser kriminellen Gruppe hingewiesen, deren Mitglieder rücksichtslos von der Schußwaffe Gebrauch machen.

Georg v. Rauch

von R A U C H,
Georg,
12.5.47, Marburg

1,69 m, schlank
dunkelblond
gerade Nase,
braune Augen,
Bartwuchs, Haarfarbe
u. - schnitt wechselnd

Die Großfahndung nach der Baader-Meinhof-Bande

Anfang Dezember, nach anderthalbjähriger erfolgloser Jagd auf die Stadtguerillas, hatte Hübner zum großen Halali geblasen: Auf einer dramatisch angesetzten Pressekonferenz ließ er den Start einer beispiellosen Großfahndung verkünden. Gleichzeitig wurden den Reportern Steckbriefe in die Hand gedrückt. Zu ihrer Verblüffung befanden sich darunter auch Name und Bild des 24jährigen Georg von Rauch, der zwar ein bekannter Anarchist war, aber selbst von der Bundesanwaltschaft nicht im Zusammenhang mit der Baader-Meinhof-Gruppe genannt wurde.
Wie er auf die Baader-Meinhof-Liste kam, ist Hübners Geheimnis.
Seine Polizisten konnten indessen schon 24 Stunden nach Beginn der Großfahndung einen Erfolg melden: Sie hatten Georg von Rauch wieder - als Toten.

Stern, 2.1.72

Seit gestern

B.Z. | 14 Uhr

Sonnabend, 4. Dez. 1971

Großfahndung

Eine gezielte Großfahndung wurde gestern von der Berliner Polizei eingeleitet. Die Dauer der Aktion ist unbestimmt. Sie gilt der gefährlichsten Verbrechergruppe, die seit langem im gesamten Bundesgebiet gesucht wird. Der Baader-Meinhof-Bande. Nach dem letzten Ermittlungsstand halten sich die Mitglieder der aus linksradikalen Kreisen hervorgegangenen Bande augenblicklich in Berlin auf. Für Hinweise, die zur Festnahme führen, ist eine Belohnung von 27 000 Mark ausgesetzt.

Zeitung: Rhein-Zeitung

Erscheinungsort: Koblenz

Datum: 4. DEZ. 1971

Baader-Meinhof von allen Polizisten Berlins gejagt

Nach zehn Mitgliedern der Gruppe läuft Großfahndung

Münchner Merkur

DIE GROSSE DEUTSCHE TAGESZEITUNG

DATUM: 4. DEZ. 1971

Baader-Meinhof-Bande in Berlin?

Polizei fahndet nach zehn Komplicen — „Sichere Anhaltspunkte"

... Alle Berliner Polizisten wurden in die Jagd eingeschaltet. An den Grenzübergängen wurden besondere Sicherheitsmaßnahmen und strenge Personenkontrollen erlassen.

Berlin, 5. Dez. BERLINER MORGENPOST

Feuergefecht in Schöneberg: MITGLIED DER BAADER-MEINHOF-BANDE ERSCHOSSEN

Kriminalbeamter durch Bauchschuß schwer verletzt – Jagd auf flüchtige Verbrecher

'Das Trabrennen'

Der Anruf in der Funkbetriebszentrale

	17 Uhr 24,
Polizist:	Polizei-Notanruf. Bitte:
Zeuge W.:	ja, W. , in der Eisenacher Straße werden drei junge Leute von nem mit ner Pistole bedroht von einem - (Pfeifen) ich weiß nich ob das schon die Auswirkungen der Baader- der Baaderjagd is, könn Sie da mal sofort hinfahrn?
Polizist:	Eisenacher Ecke?
Zeuge W.:	Ecke Fugger, da so bei dem Antiquitätengeschäft gegenüber vom Spielplatz.
Polizist:	was is denn da?
Zeuge W.:	na ja, da werden drei junge Leute von einem mit ner Pistole bedroht und der äh - die - äh - lehnen sich jetzt an die Wand und äh - mit erhobenen Armen und so
Polizist:	Bedrohung mit Pistole, ja?
Zeuge W.:	von einem Zivilisten ja, nich vom Polizisten nich?
Polizist:	ja wir komm mal hin. (deutlich hörbar 2 Schüsse)
Zeuge W.:	es wird geschossen!
Polizist:	gut wir kommen hin
Zeuge W.:	schnell!Mensch!
Polizist:	ja, bleiben Sie bitte dranne
Zeuge W.:	ja - aus dem Hintergrund Zeugin W. näher laufend:
Zeugin W.:	Einer liegt! Einer liegt!! (Schüsse im Hintergrund)
Zeuge W.:	Einer liegt! Es wird geschossen!!

Hören Sie? Hören ??
(Schußgeräusch? starkes Rauschen im Hintergrund)

Polizist: Hörn Sie bitte?

Zeuge W.: ja die werden erschossen da!

Polizist: ja wie is denn Ihre Nummer?

Zeuge W.: .. .. ..

Polizist: bleibnSe, bleibn Se ruhig, der Funkwagen is schon unterwegs.

Zeuge W.: zu Zeugin W. komm vom Balkon.

Polizist: jaa, wie is denn Ihre Apparatnummer?

Zeuge W.: .. .. ..

Polizist: [wiederholt ....]

Zeuge W.: Schnell!! jetzjetz - oh Mensch mir gehn die Nervn durch verdammt

Polizist: ja ganz ruhig bleibn, der Funkwagen is unterwegs. Könn Sie Täterbeschreibun geben?

Zeuge W.: nein, nich gar nich, wir wohnen zu weit weg davon, wir sind im dritten Stock hier.

Polizist: Wo sind die denn jetzt?

Zeuge W.: ich bin zuhaus

Polizist: ja, ich meine jetz die Täter.

Zeuge W.: [zu Zeugin W.] wo sind die Täter jetz?

Zeugin W.: Einer is weggegangen

Zeuge W.: [zu Zeugin W.] wohin?

Zeugin W.: In Richtung Fuggerstraße

Zeuge W.: in Richtung Fuggerstraße

Polizist: die rennen in Richtung Fuggerstraße?

Zeuge W.: Einer in Richtung Kleist

Polizist: ja, bleibnSe bitte dran, ja, ich äh - icke jesagt mal Bescheid

Zeuge W.: Kommen die Leute raus?

Polizist: ja, bleiben Sie dran (Geräuschabbruch der FBZ)

Zeuge W.: ja

Zeugin W.: [jetzt am Telefon] Unten stehn zwei Zeugen vor der Eisenacher 117

Zeuge W.: ja

Zeugin W.: und da putzt einer sein Auto und kümmert sich nicht, und Einer liegt da! Der liegt jetzt da Mensch!!

Zeuge W.: jaja, komm du jetzmal her äh, geh hiermal ran an Apparat wenn die komm

Zeugin W.: die... (unverständlich)

Zeuge W.: ja die sind ja schon unterwegs -

Zeugin W.: was soll ich denn sagen?

Zeuge W. wenn die sich melden komm ich wieder ran [geht zum Balkon]

Zeugin W.: Hallo!

Zeuge W.: ... melden se sich .. (unverständl.)

Zeugin W. Also soo was! Das war ja niemals Polizei! O Gott Mensch hoffentlich-

Polizist: Sind Sie noch dran?

Zeugin W.: ja, hallo, ja

Polizist: Könn Sie noch irgendwelche -

Zeuge W.: [zurückgekommen] Hallo

Polizist ja

Zeuge W.: der Eine is wahrscheinlich tot äh - der liegt da reglos

Polizist: Da liegt jemand?

Zeuge W.: tot, ja, vor dem Geschäft da gegenüber von dem Spielplatz

Polizist: ja, bleibn Se bitte am Apparat, ja?

Zeuge W.: ja gut, ja (FBZ-Geräusche knacken)

Polizist: Feuerwehr fährt schon, ja

Zeuge W.: ja is in Ordnung (FBZ im Hintergrund Gesprächfetzen: Eisenacherstraße...)

Polizist: hm - is ja ein dolles Ding Mensch

Zeuge W.: Mensch also mir is - und die Leute putzen da Auto weiter als sei nichts geschen da

Polizist: zu einem in der FBZ er ruft vom Wohnhaus an, is zu hoch, er kann das nich mehr erkenn wie die Täter aussehn, - ja also wir habn Feuerwehr benachrichtigt, is schon unterwegs, ja

Zeuge W.: und die Leute sind äh dermaßen seelenruhig und putzen ihre Autos weiter, also ich begreif nichts Mensch -

Polizist: Was, da unten sind noch Leute?

Zeuge W.: Ja! Es sind Zeugen da!!

Polizist: aach du Schande!

Zeuge W.: gleich daneben putzt einer seinen Wagen.

Polizist: ja sagnSe mal -

Zeuge W.: Mensch ik bin also - ik begreif nichts mehr

Polizist: na das is eben die heutige Zeit, wa?

Zeuge W.: achso, - der Eine is wahrscheinlich zur Polizei da gelaufen

Polizist: gut, ich hab Ihre Nummer .. .. .. falls wir noch was habn wolln rufn wir Sie an

Zeuge W.: Ja, W. is mein Name

Polizist: Herr W., ja? Recht schön Dank, Herr W.

Zeuge W.: Gut ich bin am Apparat dann -

17 Uhr 28, ...

Teilnehmer an der Observation

24.5.72

Vermerk

... wurde bereits am 3o. November 1971 eine Observation des Fahrzeuges eingeleitet, an der sich Beamte der Kriminalpolizei (Abteilung II und Abteilung I) und Beamte des Landesamtes für Verfassungsschutz jeweils mit mehreren Fahrzeugen beteiligten.
Am 4. Dezember 1971 waren an dieser Observation (observiert wurden Brockmann, Knoll, Baumann, Georg von Rauch. Anm.d.Red.) drei Fahrzeuge der Kriminalpolizei mit 6 Beamten und drei Fahrzeuge des Landesamtes für Verfassungsschutz mit insgesamt vier Bediensteten beteiligt. Eines der Fahrzeuge der Kriminalpolizei war mit dem KHM Schulz (als Fahrer) und dem PHM Schiemann (als Beifahrer) besetzt. Beide Beamte trugen zivile Kleidung....

gez. Böhmann, l.Staatsanwalt

Mit Rücksicht auf die verschiedenen Zeitungsveröffentlichungen haben wir (Knoll, Baumann, Brockmann. Anm.d.Red.) dann auch Darstellungen unserer Tatbeteiligung in Schreibmaschine geschrieben, "Aussagen" hergestellt und diese dem Rechtsanwalt Ströbele übergeben. Ich war der Ansicht wie auch die anderen, daß eine derartige Darstellung von uns notwendig sei, um Klarheit in die widersprüchlichen Veröffentlichungen zu bringen.

Brockmann, pol.Vern. 18.1o.73

Berichte der Tatbeteiligten

An die Staatsanwaltschaft beim
Landgericht Berlin
z.Hd.v.Herrn Staatsanwalt Böhmann

1. Zeuge: (Brockmann, Anm.der Red.)

Ich saß am Steuer des VW-Variant. In der Eisenacher Straße hatte ich das Fahrzeug in zweiter Spur angehalten.Mein Begleiter und ich beobachteten den Ford-Transit beim Einparken auf der gegenüberliegenden Straßenseite. Plötzlich

erschien ein Mann mit einer Maschinenpistole im Anschlag. Er riß die Tür des VW-Variant auf und schrie etwa folgende Worte:
"Sofort raus da; aber schnell."
Während dessen hielt er die Maschinenpistole an meine Brust. Ich stieg aus und lief in Richtung Motzstraße weg.

2. und 3. Zeuge: (Knoll, Baumann. Anm.d.Red.)

Wir fuhren mit dem Ford-Transit und dem VW-Variant vom Winterfeldplatz zur Eisenacher Straße.Georg von Rauch saß am Steuer des Ford-Transit. Kurz vor der Einmündung der Eisenacher Straße in die Kleiststraße wendete er den Wagen und parkte in eine Lücke vor dem Möbelladen Christian ein. Der Variant war in Richtung Kleiststraße auf der Eisenacher Straße in zweiter Spur stehengeblieben.

2. Zeuge:

Plötzlich erschien ein schwarzer Opel Rekord oder ähnliches Fahrzeug überholte den VW und hielt Eisenacher-Ecke Kleiststraße an. Aus diesem Wagen stieg ein jüngerer Mann mit einer schwarzen Lederjacke und einer MP in der Hand. Er rannte zum VW und forderte den Fahrer mit vorgehaltener Maschinenpistole zum Aussteigen auf. Auch auf der Beifahrerseite erschien dann plötzlich ein Mann mit einer kleineren Pistole in der Hand. Der Beifahrer stieg daraufhin mit erhobenen Händen aus.
Der andere Mann mit der kleineren Pistole trieb den Beifahrer des VW-Variant mit erhobenen Händen vor sich her über die Straße auf den Ford-Transit zu. Als er dort angekommen war, forderte er auch die beiden Insassen dieses Wagens zum Verlassen des Fahrzeuges auf. Dann trieb er alle Drei vor den hell erleuchteten Möbelladen und befahl ihnen, sich mit erhobenen Händen an die Wand zu stellen. Alle Drei kamen dieser Aufforderung widerstandslos nach und stellten sich weisungsgemäß mit dem Gesicht zur Wand und erhobenen Händen an den Laden.
Der Mann mit der Pistole durchsuchte daraufhin den Rechten - Georg von Rauch - und den Mittleren. Dann trat er plötzlich einige Schritte zurück und rief vom Straßenrand in Richtung Fuggerstraße, wo ein heller Ford mit 2 männlichen Insassen stand:

"Hierher, hierher."
Die drei an der Wand Stehenden wandten den Kopf in diese Richtung, ohne sich allerdings umzudrehen und ohne die Hände sinken zu lassen.
Plötzlich schoß der Mann mit der Pistole auf die drei an der Wand Stehenden aus nächster Nähe. Er gab zunächst 2 Schüsse ab. Einer der drei an der Wand Stehenden fiel daraufhin um und blieb regungslos liegen.

3. Zeuge:

Als wir mit dem Ford-Transit in eine Parklücke gefahren waren, richtete sich plötzlich - für uns völlig überraschend - ein Pistolenlauf durch das Autofenster auf uns und jemand forderte uns auf, mit erhobenen Händen auszusteigen. Wir kamen dieser Aufforderung sofort und widerspruchslos nach. Dann mußten wir uns zu Dritt mit erhobenen Händen an die Hauswand stellen. Wir wurden aufgefordert uns umzudrehen und die Hände zu heben. Auch dieser Aufforderung kamen wir sofort nach. Daraufhin durchsuchte uns der Mann mit der Pistole nach Waffen. Sowohl Georg von Rauch, der ganz rechts stand, als auch der in der Mitte Stehende wurde nach Waffen durchsucht, ohne daß irgendetwas gefunden wurde.
Dann ließ der Mann mit der Pistole plötzlich von uns ab und ich hörte, wie er versuchte,andere Personen herbeizurufen. Ich hatte den Eindruck, daß er sich dabei in Richtung Eisenacher- Ecke Fuggerstraße gewandt hatte und versuchte deshalb, ohne meine Körperhaltung zu ändern, auch in diese Richtung zu sehen. An dieser Ecke sah ich dann auch einen halbschräg zur Fahrbahn stehenden hellen Wagen, in dem 2 Personen saßen. Diese machten jedoch keine Anstalten auszusteigen.
Plötzlich fielen 2 Schüsse. Nach meiner Wahrnehmung mußten sie ganz dicht neben und hinter mir abgefeuert worden sein. Ich bemerkte noch, wie Georg von Rauch umfiel.
Außerdem hatte ich einen jungen Mann in einer Lederjacke hinter dem Mann mit der Pistole bemerkt als wir schon an der Wand standen, der das ganze Geschehen beobachtete.

Zeugin W.

Zeugenaussagen von Frau W. und den Observanten 13 und 19

(Frau W. stand auf dem Balkon ihrer Wohnung Eisenacher Straße 117, ungefähr 15o m entfernt von dem Ort, an dem Georg von Rauch erschossen wurde. Sie beobachtete, wie Schulz die drei aufforderte sich mit erhobenen Händen an die Wand zu stellen. Sie rief ihre Beobachtungen ihrem Mann zu, der diese durchs Telefon an die Funkbetriebszentrale weitergab. Anm.d.Red.)

Polizeiliche Vernehmung vom 5.12.71

Zeugin W.

.... Plötzlich hörte ich einen Schuß fallen...
... daß dieser Schuß womöglich auch auf dem Tonband zu hören sein müßte,...
... Die Abgabe des Schusses, das heißt der Knall war in der Stille, die zu dieser Zeit herrschte, bis ins Wohnzimmer zu hören. Als ich wieder in Richtung der bezeichneten Gruppe sah, bemerkte ich, daß einer der drei Männer etwas schräg zur Hauswand auf dem Gehweg lag. Ich kann aber nicht sagen, welchen Platz dieser Mann zuvor in der Gruppe eingenommen hatte. Die andern drei Männer standen immer noch mit erhobenen Händen an der Wand und der Mann, von dem sie bedroht worden waren, stand noch in der gleichen Haltung davor.
Ohne mich genau festlegen zu können, möchte ich sagen, daß etwa fünf bis zehn Sekunden nach Abgabe des ersten Schusses etwa weitere vier bis fünf Schüsse fielen....

Verfassungsschützer 13 und 19

Der Senator für Inneres

Landesamt für Verfassungsschutz 17.12.71

Betr.: Ermittlungsverfahren wegen versuchten Mordes z. N. des KHM SCHULZ - StA 2 P Js 1179/71

..... Die Observanten 13 und 19, die als einzige Mitarbeiter der Abt. IV den Schußwechsel beochachtet haben, wurden noch einmal eingehend zum Tatvorgang befragt. Sie hielten ihre Schilderung des Tathergangs, die sie bereits am 5. Dezember 1971 im Rahmen des hiesigen Observationsberichtes abgegeben hatten und die der Staatsanwaltschaft bei dem Landgericht Berlin mit Schreiben vom 17.12.1971 übersandt worden war, in vollem Umfange aufrecht...

......

Während des Abtastens hat der KHM SCHULZ nach Meinung der Observanten hinter der der Kleiststraße am nächsten stehenden Person gestanden und diese mit der rechten Hand abgetastet. Beide Observanten bleiben bei ihrer Aussage, daß der erste Schuß oder die ersten Schüsse während dieser Situation fielen.

Die Aussagen der beiden Observanten weichen insofern voneinander ab, als der Observant 13 meint, daß die Schüsse fielen, als der KHM SCHULZ direkt beim Abtasten der am weitesten rechts stehenden Person war, der Observant 19 hingegen meint, daß die Schüsse fielen, als der KHM SCHULZ die am weitesten rechts stehende Person abgetastet, sich wieder aufgerichtet hatte und einen halben Schritt zurückgetreten war.

Beide Observanten bleiben jedoch bei ihrer Auffassung, daß der KHM SCHULZ zu Beginn des Schußwechsels keinesfalls weiter als 1 m von den verdächtigen Personen entfernt war...

Baader-B

in die Kri

Im Kugelhagel brachen der Kripo-Mann und der Gangster zusammen

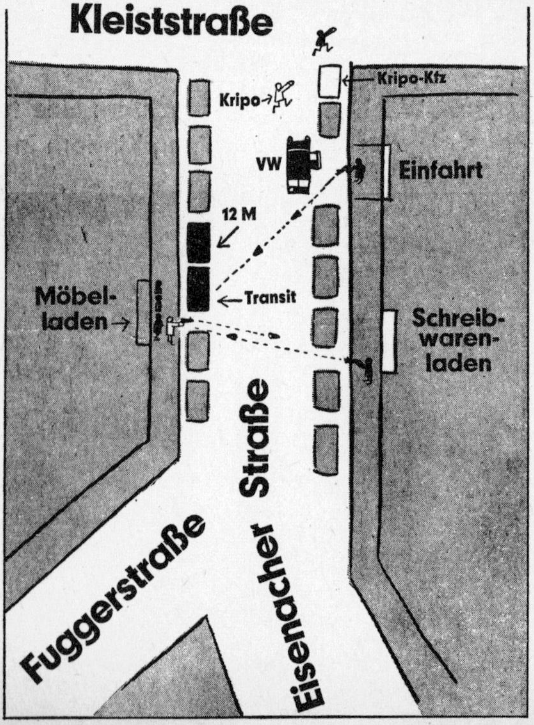

nde ging
po Falle

Morgenpost ,5.12.71

B.Z.

Terror

hcm. Mit einer Brutalität ohnegleichen hat die Baader-Meinhof-Bande Terror in unsere Stadt getragen. Von der Polizei hart bedrängt und gejagt, wehren sich die Kriminellen wie waidwunde Tiere, für die es keinen Ausweg mehr gibt. Mit Maschinenpistolen ausgerüstet chießen diese Politgangster auf jeden, der sich ihnen entgegenstellt. Sie sind rücksichtsloser als die meisten Verbrecher, für die Frauen und Kinder tabu sind. Nur einem unwahrscheinlichen Zufall ist es zu verdanken, daß bei der Schießerei in der Eisenacher Straße nicht Passanten getötet worden sind. Gerade an diesem zweiten Adventssonnabend waren die Straßen voll von Menschen, die Weihnachtseinkäufe machten. Die Baader-Meinhof-Bande hat die Stadt unsicher gemacht. Niemand weiß, ob er mit seinem geparkten Auto weiterfahren kann. In den Kaufhäusern müssen bewaffnete Polizisten die Hauptkassen bewachen. Furcht und Mißtrauen herrschen. Das erschossene Bandenmitglied haben die Terroristen am Tatort liegen lassen. Aus, vorbei, zu nichts mehr nutze. Mit wie vielen Toten wollen die Baaders und die Meinhofs noch ihr Gewissen belasten? Haben diese Verbrecher überhaupt noch ein Gewissen?

VON

Sie sprachen von Mord ...

Sie riefen „Mord" und „Mörder". Aber sie mußten wissen, daß der 24jährige Georg von Rauch nicht ermordet wurde und es folglich auch keine Mörder geben konnte.

Jeder in dieser Stadt weiß, daß der 24jährige Georg von Rauch in einem Feuergefecht starb, das von seinen Genossen eröffnet und von dem schwerverletzten Kriminalbeamten erwidert worden war.

Planierung der Widersprüche

Der Polizeibericht des Tages

(Dieser Polizeibericht wurde geschrieben, obwohl sich aus dem Telefonanruf in der Funkbetriebszentrale von Herrn Witt (siehe S. 27), seiner Vernehmung und der Zeugenaussage von 'Gemüsehändler' Hübner vom selben Tage ein anderer Tatverlauf ergab. Anm.d.Red.)

IA - Soko/B/M 4.12.1971

Bericht

Als der Beamte den ersten Mann kontrollieren wollte, liefen die anderen beiden in die Richtung Fahrbahn davon und schossen sofort mit unter der Bekleidung verborgen-gehaltenen Waffen (vermutl. Pistolen m. Schalldämpfern) auf den Polizeibeamten. Dieser wurde durch die Schüsse getroffen.
Bei der Schießerei wurde auch einer der bisher unbekannten Männer getroffen und wahrscheinlich tödlich verletzt.

Tagesspiegel: 5.12.1971
Georg von Rauch, den er (Schulz, Anm.d.Red.) trotz rot gefärbter Haare erkannt hatte, brach zusammen.

Neue Ruhr-Zeitung: 6.12.1971
Er hat bei einer ersten Befragung zwar erklärt:"Ich glaube, ich habe Rauch getötet." Doch die Polizei hält es für möglich, daß andere den tödlichen Schuß abgaben.
Georg von Rauch hat nach Mitteilung der Kripo "mit an Sicherheit grenzender Wahrscheinlichkeit selbst nicht geschossen".

Erstes "Gespräch" mit KHM Hans-Joachim Schulz am 4.12.71 abends im Albrecht-Achilles-Krankenhaus

Kein Protokoll.......

Entgegen ersten Meldungen schwebte der Beamte zu keinem Zeitpunkt in Lebensgefahr. Er war bereits kurz nach seiner Einlieferung in ein Krankenhaus kurz vernommen worden.

Der Abend: 6.12.71

Affäre — stern — 2.1.72

Wer deckt den Todesschützen?

Der Fall Georg von Rauch wurde zum Berliner Polizeiskandal

Dialog von Verteidiger Schily mit KOR Frenz und dem Todesschützen KHM Schulz über die zweite Vernehmung am 7.12.71

Schily: "Hatte Herr Schulz zu Ihrer Vernehmung Unterlagen?"

Frenz: "Nein!"

Schily: "Das ist noch nie vorgekommen?"

Frenz: "Nein, unmöglich"... so was kommt in der Regel nicht vor...

Schily: "... sowas kommt schon vor..." "Es geht darum, ob Herr Schulz doch Unterlagen ...?"

Frenz: "Ich könnte das ausschließen."

Schily: "War es nicht doch so, daß Herr Schulz über bestimmte Vorinformation verfügte?"

Frenz: "Ich hatte nicht den Eindruck, das kann ich nicht sagen!"

Schily: "Hier steht (liest) 'zu den Zeugenaussagen, die mit mir durchgesprochen worden sind,um noch bestehende Widersprüche auszuräumen'.Herr Schulz bezieht sich da immer auf Blattzahlen."

Frenz: "Wenn's da steht, wird's wohl stimmen, ich kann's nicht sagen."

Schily: "Ist es nicht üblich, über die mündliche Information einen Vermerk zu machen?"

Frenz: "Das ist dienstkundlich üblich."

Schily: "Ob das üblich oder unüblich ist, interessiert mich nicht! Es passieren ja viele 'unübliche' Sachen... ob Herr DETER doch gerüstweise für Herrn Schulz den Tatablauf festgelegt hat?"

Frenz: "Das entzieht sich meiner Kenntnis - ich möchte das aber ausschließen."

Schily: "Es fällt mir auf: dies und das wissen Sie nicht mehr, andere Sachen wollen Sie ausschließen - ist das nun eine Folgerung des 'Üblichen'?".....

(zu KHM Schulz, der als nächster und zwar zum 3. Mal verhört wird):

"In Ihrer Vernehmung wird Bezug genommen auf bestimmte Akten. Haben Sie die einsehn können?"

Schulz: "Meiner Meinung nach habe ich sie nicht gelesen, - ich kann mich nicht daran erinnern"...

Schily: "Och Herr Schulz! Versuchen Sie sich dochmal zu erinnern!"

Schulz: "Es ist möglich, daß Sie mir im Rahmen der Vernehmung vorgehalten wurden."

Schily: "Sind Ihnen Vorhalte gemacht worden oder hat man Sie insgesamt mit den Aussagen vertraut gemacht?"

Schulz: "Nein. Nach meiner Erinnerung nicht."

Schily: (zitiert aus den Gerichtsakten die Pol. Vernehm. vom 7.12.)

"Zu den Zeugenaussagen, die mit mir durchgesprochen sind... war es nicht doch so, daß sie mit Ihnen durchgesprochen sind?"

Schulz: "Ich kann mich nicht erinnern, meiner Meinung nach habe ich sie nicht durchgelesen... ich bin mir sicher, daß ich vor der Vernehmung mit Herrn FRENZ keine Feststellungen zum Tatort..."

Schily: "Auch nicht für den Fundort von Patronen?"

Schulz: "Das gilt auch z.B. für den Fundort von Patronen - darüber bin ich mir loo prozentig sicher!"

Schily: "Da sind Sie hundertprozentig sicher?"

Schulz: (nach einer Pause) "Ziemlich sicher."

Schily: "Das bitte ich allerdings ins Protokoll a ufzunehmen:
'ich bin mir sicher, daß ich vor der Vernehmung mit Herrn FRENZ keine Vorinformation zu dem in Rede stehenden Geschehen hatte, wobei ich unter Vorinformationem bestimmte Feststellungen zum Tatort meine. Das gilt auch zum Beispiel für den Fundort von Patronenhülsen. Da bin ich mir ziemlich sicher.'
(zitiert aus der pol. Vernehm. vom 7.12.71):
'Ich habe bereits von Kollegen gehört, daß 9 mm Hülsen auf beiden Seiten der Straße gefunden worden sind'!"

Schulz: "Ja, wenn Sie das soweit fassen!"

Schily: "Haben Sie nicht doch vor Ihrer Vernehmung eine kurze Darstellung in groben Zügen....?"

Schulz: "Ja. In der Unfallaufnahme 2 Beamte - ich weiß nicht ob ich sie namentlich benennen darf - von der Kriminalpolizei..."

Schily: "Ach, dann aber doch die Namen bitte!"

Richter: (zu Schulz, der sichtlich verunsichert, stumm bleibt)
"Sie dürfen die Namen nennen. Die große Linie ist ja, daß taktische Dinge nicht bekannt werden."

Schulz: "Darf ich dann mal telefonieren mit meiner vorgesetzten Dienststelle?"
(geht ab zum Telefonieren, kommt nach einigen Minuten zurück)

Schily: "Wie hießen die zwei Beamten?"

Schulz: "Herr KOTSCH* und Herr DETER.**"

Schily: "Ach neee!"

*/** Siehe Angaben zur Person Seite 12 und 13.

Die zweite Vernehmung des Todesschützen

(Vernehmung von KHM Schulz am 7.12.71 als Zeuge, um "noch bestehende Widersprüche auszuräumen")

Verhandelt — Berlin, den 7. Dez. 1971

Im "Albrecht-Achilles-Krankenhaus" aufgesucht wurde Herr KHM Hans-Joachim Schulz und erklärt:

Ich bin mit dem Sachverhalt vertraut gemacht und darauf hingewiesen worden, daß ich als Zeuge gehört werde, um mit dazu beizutragen, noch bestehende Widersprüche in der Sachverhaltsdarstellung auszuräumen.

......

Neben meiner Funkdurchsage auf dem 2 m-Band hat der Kollege Schiemann über das 4 m-Band eine Verbindung mit intern 2514 (über Fubz) bekommen und in dieser Weise auf dem Funk-Draht-Wege an den Dauerdienst der Abt. I das verabredete Kennwort "Trabrennen" durchgegeben. Dann sind wir beide aus dem Wagen gesprungen; ich links, Schiemann rechts. Ich habe meine Pistole gezogen und durchgeladen, Schiemann hat seine Maschinenpistole mitgenommen. Diese Vorsichtsmaßnahme trafen wir, weil wir von der Gefährlichkeit dieser Leute Kenntnis erhalten hatten. Wir sind beide zusammen an unserem Fahrzeug vorbei auf den VW-Variant zugegangen, in dem 2 Mann saßen. Schon im Herausgehen haben wir die Insassen darauf hingewiesen, daß wir Polizeibeamte sind und sie aufgefordert, auszusteigen und die Hände hochzunehmen. Sie haben keine Reaktion im Zusammenhang mit dem Fahrzeug gezeigt, insbesondere auch nicht versucht, weg- oder auf uns zuzufahren; aber der Beifahrer riß die Tür auf, sprang hinaus und lief die Eisenacher Straße zurück. Kollege Schiemann rannte ihm hinterher. Bezüglich der Fluchtrichtung muß ich allerdings sagen, daß ich auf diesen Mann nicht genau geachtet habe, so daß es auch sein kann, daß er in Richtung Kleiststraße geflüchtet ist; ich habe mich nur auf meinen Mann, nämlich den Fahrer des Wagens konzentriert. Er stieg langsam aus und hob beide Arme hoch. Zwar widerwillig, aber er tat doch, was ich ihm sagte. Ich habe ihn aufgefordert, mit mir in Richtung auf den Ford-Transit zu gehen. Er drehte sich um und ging zögernd auf das andere Fahrzeug zu. Er machte das so langsam, daß ich ihn schließlich am Rücken im Mantel gepackt und vor mir hergeschoben habe....

Schließlich kamen wir am Ford Transit an. Wir blieben beide in Fahrbahnmitte und ich schubste die Person so vor mich hin, daß ich sie alle drei - die beiden im Transit schräg von links vorn durch die Windschutzscheibe - im Blickfeld hatte. Ich forderte die beiden Personen lautstark zum Aussteigen und zum Erheben der Arme auf. Sie erhoben erst die Arme und dann wollte der Fahrer unten etwas greifen, ohne jede Hast, für mich aber doch verdächtig, da es ja hätten Waffen sein können. Daraufhin habe ich ihn noch einmal sehr energisch angesprochen und mit meiner Waffe eine Bewegung gemacht, die meinen Anruf optisch unterstreichen sollte. Jetzt nahm er die Hände sofort wieder nach oben. Beide stiegen zur Beifahrerseite hin langsam aus. In dieser Situation hätten sie mit einem schnellen Seitenschritt in Richtung Kleiststraße verschwinden können, da sie dann von dem Kasten des Transit gedeckt gewesen wären. Das taten sie aber nicht. Auf meine Weisung ging der dritte auf den Gehweg zu den anderen, und ich habe ihnen dann eine Stelle bezeichnet, wo sie sich hinstellen sollten. Dort standen sie dann auch nebeneinander, zunächst mit dem Gesicht zu mir, mit erhobenen Händen. Ich vermag die 3 Personen dennoch nicht exakt zu beschreiben, da bei mir jetzt die Überlegung einsetzte, daß ich ganz allein war. Wie ich jetzt genau stand, kann ich nicht sagen. Ich hatte mich aber so hingestellt, daß ich die 3 Personen sehen konnte. Jetzt fiel mir das Schaufenster mit der Jalousie auf, die gut beleuchtet war. Es war der hellste Fleck in der Umgebung. Darauf habe ich die drei aufgefordert, sich dort mit dem Gesicht zur Wand hinzustellen. Das taten sie auch. Ob ich sie auch aufforderte, die Hände an die Jalousie zu legen, kann ich jetzt nicht sagen. Ich habe darüber viel nachgedacht und weiß, daß es so richtig gewesen wäre; ob ich es gemacht habe, weiß ich jetzt nicht.

Als sie meiner Aufforderung nachgekommen waren, sich mit dem Gesicht zur Schaufenster-

front an dem Geschäft aufzustellen, habe ich zunächst meine Waffe, die ich dauernd auf sie gerichtet hatte, von der rechten in die linke Hand genommen. Dann sagte ich ihnen noch etwa sinngemäß: "Keine Bewegung, sonst knallt's." Als ich sie aufgefordert hatte, den Standort zu wechseln, stand ich bereits auf dem Gehweg. Das weiß ich genau. Nach dem Standortwechsel ging ich auf sie zu und begann den von mir aus gesehen rechts Stehenden von oben nach unten nach Waffen abzutasten. Dabei hatte ich mich halb rechts hinter ihn gestellt, wobei ich meine Waffe auf den Mittelmann gerichtet hatte. Dann habe ich mit meinem ausgestreckten rechten Arm die rechts stehende Person -hauptsächlich an der Gürtellinie - abgetastet und dort keine Waffen gefunden.(...)
(...) Da ich die Personen auch nicht befriedigend durchsuchen konnte, erkannte ich die Gefährlichkeit meiner Situation und zog mich rückwärtsgehend von ihnen so zur Fahrbahnmitte zurück, daß ich alle drei im Auge behielt. Ich hatte die Waffe wieder in die rechte Hand genommen.
Zu den Zeugenaussagen, die mit mir durchgesprochen worden sind, ist bis zu diesem Zeitpunkt folgendes zu sagen: Es ist richtig, daß mich ein Mann angesprochen hatte, als ich die Personen im Transit aufforderte, auszusteigen. Genau weiß ich nicht, in welcher Phase dieses Vorgehens das erfolgte; es kann aber bei dieser Gelegenheit gewesen sein. Es kann auch sein, daß ich ihn aufgefordert habe, zurückzugehen. Den Wortlaut meiner Rede weiß ich nicht mehr. Es ist aber falsch, wenn dieser Zeuge (S.17 behauptet, daß in dem Augenblick, als ich den rechten Mann durchsuchte, ein Schuß gefallen sei. Das kann ich ganz sicher ausschließen. Ich war nicht bewußt erregt, sondern fühlte mich erstaunlich ruhig, so daß ich einen Schuß unbedingt hätte wahrnehmen müssen.

... Die drei Festgenommenen wurden jetzt unruhig. Nachdem sie vorher sehr gespurt hatten, drehten sie jetzt schon mal die Köpfe und sahen nach links und rechts die Straße hinunter und auch zu mir hin. Auch ich habe häufiger in die Straße hineingesehen und bin vermutlich auch unruhiger geworden....
Obschon ich die 3 Personen nicht ständig im Auge hatte, glaube ich jetzt doch sicher zu

sein, gesehen zu haben, wie die 3 Personen offenbar auf Verabredung sich plötzlich herumdrehten und schossen. Ob alle 3 Personen geschossen haben, weiß ich nicht, bin aber sicher, daß aus 3 Waffen in meine Richtung geschossen wurde. Nach meiner Erinnerung wurde ich nicht sofort getroffen. Ich schoß ein- oder zweimal von dortaus zurück. Für mich jetzt unerklärlich, blieben die drei Personen auf der gleichen Stelle stehen und liefen nicht etwa in Deckung. Nach der Abgabe meiner Schüsse habe ich mich auf die andere Straßenseite zurückgezogen...
... Ich glaube jetzt auch sicher zu sein, daß ich während des Rückzuges zurückgeschossen habe, denn ich konnte die 3 Personen noch sehen, wie sie an der Jalousie standen. Ich finde das heute noch komisch, da das eine so helle Stelle war und sie zur Deckung nur hinter den Transit zu springen brauchten. Hinter einem Wagen angekommen, nahm ich Deckung und habe nach drüben geguckt. Die 3 Mann, die ich während der vergangenen Sekunden immer gesehen hatte, sah ich jetzt nicht mehr. Während ich vorher auf meine Schüsse keine Reaktion bemerkt hatte, kann es sein, daß ich mit dem Schuß oder den Schüssen vor dem In-Deckung-gehen getroffen habe. Um meine Verletzung habe ich mich zunächst nicht gekümmert, da ich keine Schmerzen verspürte.
Als ich über den Wagen, hinter dem ich mich verborgen hatte, hinwegsah, bemerkte ich in Bruchteilen von Sekunden später die Täter - wobei ich damals nicht wußte, ob es 2 oder 3 waren, die sich jetzt hinter dem Transit entlang bewegt haben müssen, in Richtung Kleiststraße und aus dem Dunkeln hinter dem Transit in meine Richtung schießen....
Diese Darstellung entspricht voll und ganz der Wahrheit, soweit ich mich jetzt daran erinnern kann. Zu den Zeugenaussagen, die eine andere Darstellung geben, ist noch einmal zu sagen, daß während der Durchsuchung der ersten Person weder geschossen wurde noch Bewegung in die Gruppe der Festgenommenen kam...
Völlig aus der Luft gegriffen ist die Behauptung eines Zeugen, daß ein Schuß gefallen sei, eine Person auf dem Boden gelegen habe und 2 noch mit erhobenen Händen an der Wand gestanden hätten. Ich bin mir natürlich nicht so

ganz sicher,ob während der Schießerei noch jemand außer den dreien und mir geschossen hat. Dazu war meine gesamte Konzentration zu sehr auf die 3 Personen gerichtet. Hundertprozentig sicher ist aber:

1) Die festgenommenen Personen haben alle oder zu zweit - dann aber mit 3 Waffen - zuerst auf mich, d.h.in meine Richtung geschossen.

2) Während der Durchsuchung der ersten Person und bis zu meinem Rückzug auf die Straßenmitte und Minuten danach ist mit absoluter Sicherheit kein Schuß gefallen.

3) Ein zeitlicher Zusammenhang zwischen Durchsuchung und tödlichem Schuß ist mit Sicherheit nicht gegeben.

Ich habe bereits durch Gespräche mit Kollegen und Vorgesetzten gehört, daß Hülsen auch des Kal. 9 mm auf beiden Straßenseiten gefunden worden sind. Hierfür habe ich nur die Erklärung, daß sie Zeugen verschleppt haben könnten.
Ich möchte mich insoweit wiederholen, daß vor dem Beginn des Schußwechsels durch die 3 Tatverdächtigen niemand geschossen hat, daß ich allerdings nicht ausschließen kann, daß während des Schußwechsels außer uns vier noch eine weitere Person Schüsse abgegeben hat. Gemerkt habe ich das allerdings nicht. Ich habe ferner gehört, daß bei dem Getöteten keine Schußwaffe gefunden worden sei. Ich nehme sicher an, daß er eine hatte, glaube deshalb,daß sie von seinen beiden Tatgenossen oder später von Passanten weggenommen worden ist.

Der eingeebnete Gemüsehändler*

1.pol. Vernehmung am 4.12.71:

Hierauf tastete er den rechts an der Wand stehenden Mann ab. In diesem Moment fiel auch schon ein Schuß.
(zwischenzeitlich verreist)

2.pol. Vernehmung am 14.2.72:

Er hat mit einer Hand die Person abgetastet. Diese Durchsuchung stellte der Polizeibeamte plötzlich ein und trat ca. 2 - 3 m von der an der Häuserwand stehende Personengruppe zurück. Diese Position habe ich auf der Zeichnung mit Ziffer drei bezeichnet.
Warum der Polizeibeamte plötzlich zwei bis drei Meter zurückging, kann ich nicht sagen. Ich vermute aber, daß einer der drei Personen etwa unruhig wurde.
Vermutlich mußte der Polizeibeamte auch zwischenzeitlich feststellen, daß er alleine diesen Personen gegenüberstand, und ist aus dem Grunde wieder zurückgetreten.
In diesem Augenblick, als der Polizeibeamte kurz vorher einige Meter zurückgegangen war, kam plötzlich Bewegung in die an der Hauswand stehende Gruppe und es fielen die ersten Schüsse.

---

*
('Gemüsehändler' Hübner sprach im Prozeß, in Skifahrerdreß, nicht nur mehrfach von "Zivilisten", sondern einmal auch davon, er habe mit "Kollegen" gesprochen. Von Schily befragt, wen er damit meine, sagte er, er habe von 'Polizisten' sprechen wollen. Anm.d.Red.)

Baumanns Erzählungen

Zuerst geschossen

(Nr. 5/1974, Gerhard Mauz über den Prozeß gegen Erich Fried; Nr. 7/1974, Interview mit Michael Baumann)

Über die Ereignisse in der Eisenacher Straße in Berlin am 4. Dezember 1971, in deren Verlauf der Anarchist Georg von Rauch erschossen wurde, ist in der Vergangenheit viel gesagt und geschrieben worden. Allzu wenig davon entsprach den Tatsachen. Um so erfreulicher ist, daß jetzt erstmals — in einem SPIEGEL-Interview — einer der direkt am Schußwechsel Beteiligten zur Wahrheitsfindung beitrug. Interessant, daß Ihr Interview-Partner Michael Baumann zugeben mußte, daß Georg von Rauch als erster geschossen hat und somit wohl kaum einem „Vorbeugemord", wie es der Schriftsteller Fried in einem Leserbrief an den SPIEGEL genannt hat, zum Opfer gefallen sein kann. Das Gewicht der Aussage Baumanns wird dadurch noch gesteigert, daß er sich zusätzlich selbst belastet

von Rauch

SPIEGEL: Wer hat in der Eisenacher Straße zuerst geschossen?

BAUMANN: **Klar Georg, aber geschossen wurde fast gleichzeitig.**

SPIEGEL: Wann haben Sie geschossen?

BAUMANN: **Wenn Sie es knallen hören, schießen Sie automatisch zurück, das ist logisch.**

SPIEGEL - Nr. 7/74

hat, indem er zugab, ebenfalls geschossen zu haben. Damit, so hoffe ich, sind endlich jene Behauptungen aus der Welt wie die zuletzt von Herrn Böll und Herrn Rechtsanwalt Grönewold (SPIEGEL 5/1974) aufgestellten: Der Verlauf der Aktion sei noch immer undurchsichtig (Böll) oder der Tod Georg von Rauchs sei nicht nur nicht aufgeklärt, vielmehr sei seine Aufklärung hintertrieben worden (Grönewold).

WALTER BÖHMANN *
Erster Staatsanwalt

---

*
Eigenartige Insistenz der Justiz: Der Brief des Staatsanwalts Böhmann erschien ungewöhnlicherweise bereits in der folgenden "Spiegel"-Nummer. Man beachte das staatsanwaltliche "damit": "Damit" - nämlich mit der Interview-Antwort eines 'Tatbeteiligten' - sind plötzlich "endlich" alle "Behauptungen aus der Welt". Und damit ebenfalls wohl auch die dem Staatsanwalt bekannte, ganz andere und vor einem Rechtsanwalt abgegebene Aussage Baumanns (siehe Seite 31ff).
Die Insistenz wiederholt sich im Prozeß: Die Staatsanwaltschaft versuchte, Baumanns 'Interview' über die Vernehmung eines "Spiegel"-Mitarbeiters in den Prozeß einzuführen. Der Mitarbeiter des "Spiegels" verweigerte die Aussage.
In seinem Buch "Wie alles anfing" (Trikont Verlag, 1975) hat Baumann die Behauptungen des 'Interview' nicht wiederholt.

Todesschütze Schulz, am 1. Verhandlungs Tag im Prozeß
auf die Frage von Schily.
"Haben Sie gesehen, daß von Rauch seine Hände heruntergenommen hat?"
Schulz:"Nein."

Brockmann im Prozeß:

"Die Firebird ist eher eine Verteidigungswaffe. Man muß sie erst spannen. Wir trugen sie im Hosenbund... Georg hat nicht geschossen... Man konnte die Firebird nicht sehr schnell aus dem Hosenbund ziehen... Sie (Knoll, Baumann) haben dann zurückgeschossen."

***

Weithergeholtes Märchen

Erich Fried

I

Denk dir ein Land
– je weiter weg desto besser –
und denk dir in diesem Land
einen armen Teufel
der einmal geglaubt hat
es braucht nur ein paar tolle Kerle
um den Kampf zu beginnen
den Kampf mit der blanken Waffe
für eine bessere Welt
oder den Tod.

Den Tod hat er mehrmals gesehen
vielleicht auch selber gebracht
und hat bemerkt
daß es nicht so leicht mit dem Kampf ist.
Seine blanke Waffe
ist längst nicht mehr blank, und es graut ihm
vor ihr und dem Tod
der Freunde und auch der andern.

Und denk dir: Dann wird sein Versteck
in dem er sitzt
um nicht anderswo sitzen zu müssen
ausgekundschaftet
Und dann geschieht fast ein Wunder:
Man kommt ihn nicht holen
es kommt nur einer der sagt:
»Wir wissen jetzt wo du bist

Aber wir wissen auch
du denkst jetzt nicht mehr wie damals
und wir wollen von dir
nichts was nicht eigentlich
haargenau paßt zu deiner neuen Erkenntnis.
Aber es wäre vielleicht keine schlechte Idee
wenn du jetzt tätige Reue üben wolltest
zum Beispiel alles gestehen – auf freiem Fuße natürlich

und auch nicht *uns* – nein vielleicht einer großen Zeitung.
Nebenbei könntest du dann auch mithelfen *eine*
etwas heikle Geschichte – sagen wir – aufzuklären . . .
Mit so einem Schritt hilfst du zugleich auch Freunden
aus deinen Fehlern zu lernen. Das wolltest du ohnehin?«

Denk dir den armen Teufel in seinem entdeckten Versteck.
Dem muß man noch nicht einmal sagen, wenn er mitspielt
wird er gar nicht mehr festgenommen, oder wenn ja so
wird ihm nach einem solchen Geständnis nicht viel geschehen.
Die Waffe war er schon leid bevor sie ihn fanden . . .

Male dir selber aus was er nun tut.

2

Das war nur eine von vielen Möglichkeiten.
Feststeht, der arme Teufel lügt mindestens *einmal*
denn er erklärt gleich nach dem Tod seines Freundes
der Erschossene selbst habe *nicht* geschossen
Und zwei Jahre später sagt er: »Klar, *er* schoß zuerst!«

Es gibt zwar eine veraltete Regel der Unterdrückten:
»Geschossen hat immer der, der tot ist, weil ihm
das nicht mehr viel schaden kann«. Aber leider kann es
denen die noch am Leben sind ziemlich viel schaden
wenn einer der sich selbst widerspricht und auch nicht
erklärt hat wo die Waffe des Freundes geblieben ist
als der eine Viertelsekunde später erschossen wurde
dennoch weißgewaschene Westen austeilt
an Behörden und Todesschützen und diese so
noch anfeuert zu ihrer ohnehin feurigen Praxis.

Außerdem wird auf solche Weise der arme Teufel
die zu denen er sagt »Schmeißt die Knarre weg!«
(Das meint er ehrlich) nicht mehr leicht überzeugen
Und das wäre wichtiger als so eine Art Geständnis.

Dieses moderne Märchen ist von Michael Baumanns Erzählungen über sein Leben und über den Tod Georgs von Rauch im SPIEGEL Nr. 7/1974 angeregt und deshalb ihm gewidmet. E. F.

(Aus: Erich Fried, GEGENGIFT. Berlin 1974)

Veränderung eines Tatorts

Die "zuständigen Stellen", so sagte Neubauer, hätten seit dem 4. Dezember "das Menschenmögliche" getan, "um ein Höchstmaß an Klarheit zu gewinnen". Die Polizei sei "jeder Spur" nachgegangen, "die auch nur irgendeine Chance bot". ('Tagesspiegel' 21.1.1972)

Evers, Zeuge am Tatort, im Prozeß

"Der Funkstreifenwagen interessierte sich nur irgendwie für die Presse. Ich ging dann nach Hause, weil meine Aussage offenbar niemand interessierte."

Nach wochenlangen Vernehmungen im Prozeß sagte KHM Haase: "Mit Herrn Schulz hatte ich eine Besprechung, der den Einsatz geleitet hat."
Schily: "Ach nein! Herr Schulz war der Leiter, das ist ja ganz was Neues!"

An der Observation waren folgende Beamte und folgende Waffen eingesetzt:

Dienstgrad:	Name:	Waffe:
KHM	Schulz	PPK Kal. 7,65
POW	Wanke	P 1 Kal. 9 mm
PHM	Schiemann	PPK Kal. 7,65 * 1 Maschinenpistole

* Im Prozeß stellte sich heraus, daß Schiemann keine PPK Kaliber 7,65mm hatte, sondern eine MP und eine P1 - beides Kaliber 9mm -, das bisher den Anarchisten angelastet wurde!

KHM	Haase	PPK Kal. 7,65
PM	Gotthold	PPK Kal. 7,65
PM	Brattumil	PPK Kal. 7,65 1 Maschinen- pistole

Außerdem waren beteiligt: 3 Fahrzeuge des Landesamtes für Verfassungsschutz mit 4 Insassen. Sie sollen an der Observation unbewaffnet teilgenommen haben.

(Mitteilung der Sonderkommission)
- Soko - 14.12.1971

Schußexperte Hecht: im Prozeß
Sachverständiger Geschoßexperte:
"Am Tattag, wo doch alles noch frisch gewesen wäre, war ich nicht zugezogen."...."Aus welcher Richtung die Geschosse kamen, hat die Dienststelle keinen Wert draufgelegt."

Zeuge Jung: Ermittlungsgruppe "Bankraub"

"Ich habe noch am Tatort die Fundstellen der Patronenhülsen mit gelber Kreide auf dem Straßenpflaster angezeichnet. .... Vorweg muß ich sagen, daß die eingezeichneten Fundstellen auf den Bildern 15 und 16 nicht von mir stammen und auch nicht mit den Fundorten der von mir aufgenommenen Hülsen und Patronen übereinstimmen.

Wir haben keine unterschiedliche Kennzeichnung (mit Kreide) von Hülsen und Patronen vorgenommen.

Verteidiger Schily:(Frage an Polizeipräsident Hübner) im Prozeß
"Es wurden Hülsen vom Kaliber 9 mm aus einer P 1 oder P 38 gefunden. Würden Sie glauben, daß das auf Polizeiwaffengebrauch schließen läßt?"
PPr. Hübner: "Das ist eine naturwissenschaftliche Frage. Kein Beamter hätte es nötig gehabt

zu verschweigen, daß er von der Schußwaffe Gebrauch gemacht hat."

Staatsanwalt Weber: im Plädoyer

"Das Projektil, mit dem Georg von Rauch erschossen wurde, fehlt... Es ist auch kein Einschuß hinter von Rauch gefunden worden. Nach den Gesetzen der Logik muß dort ein Einschuß sein."....

"Es ist kein Projektil gefunden worden, an dem Gewebehaftungen festgestellt wurden...., Trotz gründlicher Projektilsuche wurde am nächsten Tag ein Geschoß von 9 mm dort gefunden. Nun gibt es viele, viele Theorien: Wie kam dieses Geschoß von 9 mm am andern Tag... von irgend jemand verloren... ob es jemand verloren hat,ob es da hingelegt worden ist..."

Aus dem Einstellungsbescheid der Oberstaatsanwaltschaft:
In der Eisenacher Straße wurden 15 Hülsen vom Kaliber 9 mm, die aus fünf verschiedenen Waffen verschossen wurden.... gefunden.

Waffenuntersuchungsstelle:
Betr. Untersuchung von Patronen auf Repetierspuren sowie Verwendungsbestimmung der beigefügten Hülse Kal. 8 mm.*
Wie aus dem in der Anlage übersandten Bericht hervorgeht, wurde die beigefügte Hülse mit Kal. 8 mm am 7.1.1972 ebenfalls am Tatort gefunden.

BILD * Berlin, 18. Dezember 1971

Polizeipräsident Hübner: Die beiden Polizisten waren der Baader-Meinhof-Bande in der Eisenacher Straße hoffnungslos unterlegen

Die beiden Kripo-Beamten waren bei dem Feuergefecht in der Eisenacher Straße (Schöneberg) am vergangenen Sonnabend der Baader-Meinhof-Bande hoffnungslos unterlegen. Das sagte gestern Polizeipräsident Klaus Hübner vor dem Sicherheitsausschuß. Der verletzte Beamte wurde aus fünf verschiedenen Waffen beschossen. Es handelt sich um Pistolen vom Typ Firebird (2), FN (1), P 38 (1) und mit hoher Wahrscheinlichkeit um eine weitere P 38. Alle haben das Kaliber 9 mm. Das ergaben die Untersuchungen der sichergestellten Hülsen und Projektile.

*Tagesspiegel: 13.1.72:
6. Waren andere bewaffnete Sicherheitsorgane am Ort, die keine deutsche Waffenlizenz brauchen?

Schüsse in der Eisenacher Straße auf dem Original-Tonband hörbar

TS: 9.1.72

Erst wenige, nach gewisser Zeit dann mehrere gefeuert

Aus gegebenem Anlaß hat unser Polizeireporter gestern in der Funkbetriebszentrale das Originaltonband des ersten 110-Alarms wegen der Schießerei in der Eisenacher Straße abgehört. Wir hatten seinerzeit diesen Zeugenanruf nach einem Tonband dokumentiert, das unserem Polizeireporter am 14. Dezember vorgeführt worden war. Es handelte sich um ein überspieltes Band, auf dem auch die Anrufe zahlreicher anderer Zeugen mitgeschnitten worden waren.

Unser Reporter hatte, nachdem er sich die betreffende Stelle des Bandes mehrmals angehört hatte, ausdrücklich festgestellt, daß die Schüsse in der Eisenacher Straße auf dem Tonband nicht zu hören seien, obwohl die Rufe der Ehefrau des Anschlußinhabers vom Balkon her vernommen werden konnten. Beim Mitschneiden des Originaltonbandes für die ARD-Sendung „Panorama" stellte sich heraus, daß die Schüsse deutlich zu hören sind. Unser Polizeireporter hat sich davon überzeugt.

Von der Polizei wurde gestern hierzu erklärt, daß durch die Überspielung auf einen technisch schlechteren Apparat es durchaus möglich sei, daß die Schüsse nicht mehr zu hören seien. Das überspielte Band konnte zur Kontrolle nicht mehr gehört werden, da es der Kripo bzw. Staatsanwaltschaft zugeschickt wurde, während das Originaltonband in der Funkbetriebszentrale blieb.

Beim Abhören des Originaltonbandes sowie eines überspielten Tonbandes, das mit einem technisch hochqualifizierten Gerät des Zweiten Deutschen Fernsehens (es bereitet ebenfalls eine Sendung vor) aufgenommen wurde, sind die Schüsse über einen normalen Lautsprecher und besonders mit Kopfhörer klar zu hören.

Es fielen am 4. Dezember, während der Zeuge mit der Funkbetriebszentrale telefonierte, zunächst deutlich vernehmbar zwei Schüsse kurz nacheinander und vielleicht noch ein dritter Schuß. Erst nach einer Pause waren weitere Schüsse, mindestens fünf oder sechs, zu vernehmen. Durch technisch bedingte störende Nebengeräusche auf dem Originaltonband konnte unser Mitarbeiter die genaue Anzahl der Schüsse nicht feststellen.

Die „Federführung" in Zusammenhang mit den Ermittlungen bei der Fahndung nach Mitgliedern der Baader-Meinhof-Gruppe und der Schießerei in der Eisenacher Straße ist vom Raubdezernat der Kripo wieder an die Abteilung I, die für politische Delikte zuständig ist, zurückgegangen. Wie berichtet, hatte das Raubdezernat nach den Raubüberfällen in Hermsdorf und in der TU die Ermittlungen übernommen, weil die Mitglieder der Baader-Meinhof-Gruppe nur noch als „Kriminelle" beurteilt wurden. (Tsp)

Die Rekonstruktion der Schießerei in der Eisenacher Straße mißglückte

Panne mit Tatort-Film

Zu den zahlreichen Pannen der Polizei um den Tod des Anarchisten Georg von Rauch am 4. Dezember gesellte sich jetzt eine weitere Fehlleistung. Am Sonntag vor acht Tagen rekonstruierte ein Filmtrupp der Polizei im Auftrag der Staatsanwaltschaft die Vorgänge in der Eisenacher Straße. Gestern erfuhr die *BZ*: Ausgerechnet die Filmrolle mit dem entscheidenden Schußwechsel ist unbrauchbar! In aller Heimlichkeit sollten gestern die Szenen nachgedreht werden.

Das scheiterte am Wetter. Dem Filmtrupp der Polizei sollte nicht noch einmal zugemutet werden, in der Kälte fünf Stunden lang zu drehen.

Denn diese Zeit hatten die Filmer benötigt, um eine genaue Rekonstruktion auf Zelluloid festzuhalten. Die Schieß-Szenen wurden dabei von Zeugen auf Zurufe korrigiert.

Am Dienstag wollten sich die Ermittlungs-Chefs das Ergebnis ansehen. Erfolg: Hervorragende Aufnahmen. Bis auf die rekonstruierte Schießerei. Bei der blieb die Leinwand dunkel. „Materialfehler" war die Begründung. Innensenator Neubauer und Polizeipräsident Hübner wurden informiert. Die Staatsanwaltschaft sicherte die Filmkassette.

Und das gibt die Kripo als Materialfehler an: In der Filmkassette befand sich ein Filmschnitzel-Rest. Während der Aufnahmen transportierte die Kamera das Schnitzel von innen genau vor das Objektiv. Unbemerkt vom Kameramann, der weiter drehte. Aber der Film wurde nicht belichtet.

Eine zweite Kamera wurde für die so wichtigen Aufnahmen nicht verwendet....

BZ: 17.1.72

DER TAGESSPIEGEL (10.1.72)

(Der Standort des Todesschützen KHM Schulz auf folgendem Foto wurde trotz anderslautender Zeugenaussagen nach seiner Aussage "ich stand auf der Fahrbahnmitte" rekonstruiert.

Für Innensenator Neubauer war die Tatschilderung von Schulz damals wie auch heute offensichtlich die einzig Glaubwürdige. Neubauer 1975, im Prozeß: "... Die Darstellung des Schulz, die ich nicht bezweifle..." Zweifel kamen dann aber wohl selbst Staatsanwalt Weber im Plädoyer: "... Schulz war in der Mitte der Straße, das ist falsch... Aus 1 bis 2 m ist der Schuß abgegeben worden... Warum der Zeuge falsch ausgesagt hat, weiß ich nicht,... aus welchen Gründen auch immer..." Anm.d.Red.)

18seitiger Bericht von Innensenator Neubauer

Der Senat, so betonte Bürgermeister und Innensenator Neubauer, der einen 1[illegible]-[illegible]iten umfassenden Bericht zum Fall Rauch [illegible]trug, werde es „nicht zulassen, daß Beamte, die ihre Pflicht erfüllen, zum Dank dafür politisch oder sonstwie diffamiert" würden. Den Senat müsse „niemand darüber belehren, was es mit dem Rechtsstaat auf sich hat; wir [illegible]teidigen ihn mit allen gebotenen Mitteln

Die „zuständigen Stellen", so sagte Neubauer, hätten seit dem 4. Dezember „das Menschenmögliche" getan, „um ein Höchstmaß an Klarheit zu gewinnen". Die Polizei sei „jeder Spur" nachgegangen, „die auch nur irgendeine Chance bot".

TAGESSPIEGEL: 21.1.72

Fragen der "Roten Hilfe"

Presseerklärung der Roten Hilfe - Ermittlungsausschuß* vom 7.1.1972

Offene Fragen:

Hat es also außer dem verschlüsselten Schießbefehl in der Polizei-Pressemitteilung 235/71 Abt.K ("es wird noch einmal auf die Gefährlichkeit dieser Gruppe hingewiesen, deren Mitglieder rücksichtslos von der Schußwaffe Gebrauch machen" dazu Bildanlage mit - zum ersten Mal - Bild von Georg) einen inoffiziellen Schießbefehl gegeben?

Sie mußten sich mit erhobenen Händen gegen den Rolladen des Hauses Nr.2 stellen...
Bis zu diesem Zeitpunkt wäre für die drei die beste Möglichkeit gewesen - sowohl beim Aussteigen als auch beim Herannahen von Schulz - sich mit Waffengewalt der Festnahme zu entziehen, da sie annehmen mußten, Schulz allein gegenüber zu stehen. Im Gegensatz dazu ließen sie sich widerstandslos festnehmen und zur Durchsuchung an die Wand stellen.

Wie begründet die Polizei, daß Schulz nach 72 Stunden, also nach interner Absprache, immer noch behaupten kann, die drei hätten zuerst geschossen, obwohl sie sich - wiewohl in der Überzahl - in eine Position bringen lassen (erhobene Hände), aus der sie mit Sicherheit nicht ohne weiteres schießen können?... Schulz rief mit dem Wort "Hierher!" um Verstärkung. Als Georg von Rauch deswegen den Kopf wendete,

---

*(Der Ermittlungsausschuß der "Roten Hilfe" Westberlin stellte nach der Erschießung von Georg von Rauch seine eigenen Ermittlungen an. Auf der Pressekonferenz am 7.1.1972 wurden die durch diese Ermittlungen aufgetauchten Widersprüche der Polizeiversion und die noch ungeklärten Fragen der Presse mitgeteilt. Siehe auch die Überlegungen zur Arbeit der "Roten Hilfe" auf Seite 140 Anm.d.Red.)

schoß Schulz. Georg von Rauch brach getroffen zusammen.
Wie kommt die Pressemitteilung zustande, daß Schulz Georg trotz seiner rotgefärbten Haare erkannt habe? Wieso verschwindet ein derart konkretes Aussagedetail bei zweiter, offizieller Aussage am 7.12.?
Soll damit verschleiert werden, daß Schulz genau wußte, auf wen er geschossen hat?

Eine Schilderung des Tathergangs wurde von Augenzeugen (dem Ehepaar W.) der Polizei ins Band gesprochen.
Warum verhehlte die Polizei ihre Aussage und gab sie erst zu, als in einer Strafanzeige und vom Ermittlungsausschuß die Darstellung der Zeugen am 7.12. veröffentlicht wurde?

Warum versuchten Polizeisprecher danach, diese Aussage durch Diskriminierung (Bleibt so bis ins Urteil von 1975.Anm.d.Red.) zu entwerten? Gibt es einen anderen Grund dafür, daß sowohl diese Zeugenaussage (Witt) diskriminiert wird, als auch zwei Tatzeugen (Verfassungsschützer 13 und 19. Anm.d.Red.) zurückgehalten werden, als den, daß Schulz offensichtlich den wehrlosen Georg ohne Grund erschossen hat?

Denn die Polizei hat sofort die Version verbreitet, Schulz habe bei einem Schußwechsel und in Notwehr geschossen.
Wenn die Polizeiversion sich nur in etwa hätte bestätigen lassen, wäre diese Bestätigung längst in Händen der Presse gewesen. Das erklärt auch, warum der ganze Fall der Staatsanwaltschaft ausdrücklich zur Ermittlung übergeben wurde, nachdem diese Zeugenaussage bekannt wurde.
Soll mit dieser Pressepolitik von Seiten der Polizei verschleiert werden, daß die Polizisten einen Schießbefehl bekommen hatten?
Warum wurde die Lage Georgs nicht gekennzeichnet? Eine absolute Selbstverständlichkeit,die nicht vergessen werden konnte, sondern bewußt unterbunden worden ist. Wer hat das veranlaßt?
Warum ist zuerst der übliche Polizeifotograf nicht erschienen? Wer hat sein Nichterscheinen veranlaßt?
Warum wurde die Leiche Georgs schon fünf Mi-

nuten nach seiner Ermordung von der Feuerwehr abtransportiert, und zwar sofort, ohne Untersuchung ob er tot sei, und ohne seine Lage zu kennzeichnen? Wer hat mit dem sofortigen Abtransport verhindern wollen, daß der Tathergang sich rekonstruieren läßt?
Warum sind die Schußkanäle bei den Einschüssen in keiner Weise ordnungsgemäß untersucht worden?

Wodurch und woher (Schulz stand nach Aussage der Polizei unter Schockeinwirkung) hatte die Polizei eine so genaue Vorstellung von dem Tathergang, daß sie so schnell alle Maßnahmen des Vertuschens ergreifen ließ?
Warum ließ die Polizei zu, daß noch eine volle halbe Stunde nach der Tat Passanten ungehindert zum Tatort gelangen konnten? Warum läßt sie - wie nachgewiesen - zu, daß Passanten Geschoßhülsen aufsammeln? Man kann doch der Polizei unterstellen, daß sie aus eigenem Interesse alles unterstützen würde, um die Anwesenheit schießender Mitglieder der "Baader-Meinhof-Gruppe" zu beweisen. Warum also läßt sie zu, daß Spuren verwischt werden? Warum wird die Anwesenheit von Verfassungsschützern offiziell erst angegeben, nachdem der Ermittlungsausschuß diese Hypothese veröffentlichte?

Letzte Entrüstung
der liberalen Öffentlichkeit:

FDP drängt auf Klärung des Falles Georg von Rauch

Verfassungsschützer sollen aussagen — Krauland-Befund vorlegen

Die Vorgänge um die Erschießung Georg von Rauchs am 4. Dezember erfordern nach Auffassung der Berliner FDP personelle Konsequenzen in der Führung der Polizei. In einer gestern veröffentlichten Presseerklärung betonte der FDP-Landesvorsitzende L ü d e r, es sei „nicht länger vertretbar, nach einem mißglückten Polizeieinsatz, bei dem ein Mensch erschossen wurde, lediglich festzustellen, daß die Leitung des Einsatzes nicht optimal funktioniert" habe. Vielmehr müßten „diejenigen vom Parlament gewählten Verantwortlichen zur Rechenschaft gezogen werden", so forderte Lüder, „die für solche Einsätze unfähig zu sein scheinen".

Heftige Kritik übte Lüder an der Presse- und Informationspolitik des Innensenators Neubauer und des Polizeipräsidenten Hübner. Es hätte Neubauer besser angestanden, heißt es weiter, die ihm von der FDP im Zusammenhang mit der Erschießung von Rauchs gestellten Fragen zu beantworten, „als durch Herrn Hübner neue Halbinformationen über die Beteiligung der Baader-Meinhof-Gruppe an Raubüberfällen in Berlin preiszugeben".

Schriftlicher Polizeibericht gefordert

Dieser Bericht, so heißt es weiter, solle schriftlich vorgelegt werden, da die Polizeiführung bisher „durch ständig variierende mündliche Erklärungen den Sachverhalt mehr vernebelt als erhellt" habe. Ferner sollten in der Ausschußsitzung die Zeugenaussagen der am Vorfall beteiligten Polizeibeamten und Mitglieder des Verfassungsschutzes vorgelegt werden. Neubauer wurde aufgefordert, den Mitarbeitern des Verfassungsschutzes „für das Strafverfahren unbeschränkte Aussagegenehmigung zu erteilen".

Sicherungsgruppe doch in Berlin?

Im Verlauf der Pressekonferenz teilten Sprecher der FDP ferner mit, daß entgegen einer gegenüber dem Abgeordneten Kaschke abgegebenen Erklärung des Innensenators sich in der Zeit zwischen dem 2. und 4. Dezember mindestens ein Mitglied der Sicherungsgruppe Bonn in Berlin aufgehalten habe. Die FDP verwies dabei auf entsprechende Informationen durch das Bundeskriminalamt. Wie von uns am 24. 12. gemeldet, hatte nicht nur Neubauer, sondern auch Bundesinnenminister G e n s c h e r auf Anfrage Oxforts erklärt, daß zu keiner Zeit in dieser Angelegenheit Mitglieder der Sicherungsgruppe Bonn in Berlin gewesen seien.

Der TAGESSPIEGEL: 8.1.72

Kölnische Rundschau

Montag, 10. Januar 1972

Bisher ist nicht einmal bekannt, wer außer einem Beamten der Politischen Polizei in Zivil, der selbst leicht verletzt wurde, überhaupt noch geschossen hat. Verfassungsschützer, Freunde des Linksextremisten von Rauch, Beamte der Sicherungsgruppe Bonn, Kriminalpolizisten oder andere "Staatsschützer"?

DER TAGESSPIEGEL

Katalog offener Fragen zum Fall Georg von Rauch

3. Wieso erklärt der Oberstaatsanwalt zu dieser Differenz, der Polizeipräsident könne schließlich eigene Erkenntnisse haben? Ist die Staatsanwaltschaft nicht Herr des Verfahrens? Darf ein Polizeipräsident in einem solchen Verfahren „eigene Erkenntnisse" für sich behalten und äußern?

4. Wie kann die Staatsanwaltschaft bei — wie sie erklärt — widersprechenden laienhaften Zeugenaussagen darauf verzichten, eingesetzte Verfassungsschutzbeamte einzeln zu hören und sich statt dessen mit einem schriftlichen Bericht des Chefs dieser Beamten begnügen, der ein Interesse daran hat, mit seinen Männern nicht schlecht auszusehen und auch nicht der üblichen Dienstaufsicht unterliegt?

5. Wieso werden Verfassungsschützer nach der ausdrücklichen Erklärung des Innensenators unbewaffnet auf die Fährte von Verdächtigen gesetzt, die nach Behauptung der Polizei einer Tätergruppe angehören, die erfahrungsgemäß rücksichtslos von der Schußwaffe Gebrauch macht? Wird damit nicht die Fürsorgepflicht gegenüber den Beamten verletzt?

Der Tagesspiegel: 13.1.72

Was taten die Verfassungsschützer in der Eisenacher Straße?

TS: 18.12.71

Behörde weiß mehr, als sie sagt — Fragen an den Innensenator

Wer schoß wann, wo, wie und womit?

SZ: 21.12.71

Nachspiel zum Tod des Anarchisten Georg von Rauch
Fragen an die Polizei und nach dem Verfassungsschutz
Die tödliche Kugel fehlt

Letzte Frage der Roten Hilfe:
"Stimmt es, daß bei einem Essen im Hilton, bei dem (F.J.Strauss u.a.) die Chefredakteure Berliner Zeitungen anwesend waren, von offizieller Seite die Aufforderung gekommen ist, den Fall nicht näher zu recherchieren?"

Fall Rauch: Durchsuchung bei der „Roten Hilfe"

Berlin (Eigener Bericht)
SZ: 26.1.72

Bei einer Durchsuchung der Räume der linksgerichteten Organisation „Rote Hilfe" sind in Westberlin Unterlagen und Adressen beschlagnahmt worden, die nach Angaben eines Sprechers der Justizpressestelle zur Ermittlung weiterer Zeugen im Fall Rauch dienen könnten.

Einstellung der Ermittlungen

Aus dem Einstellungsbescheid der Staatsanwaltschaft auf die Strafanzeige "gegen unbekannte Bedienstete des Landes Berlin wegen Tötung des Georg von Rauch" der Witwe und der Eltern.

Staatsanwaltschaft bei dem Landgericht Berlin

1 Berlin 21, den 26.Mai 1972

... drehten sich die drei Festgenommenen wie auf Kommando in einer Rechtsdrehung zu dem Kriminalbeamten um. Praktisch gleichzeitig mit der Drehung erkannte der Kriminalbeamte in seine Richtung verlaufendes Mündungsfeuer.
Ohne exakt zu zielen, gab der Kriminalbeamte einen Schuß in Richtung auf die drei festgenommenen Personen ab.
Das Verhalten des Kriminalbeamten war unter dem Gesichtspunkt der Notwehr (§ 53 StGB) gerechtfertigt. Der Kriminalbeamte hatte das Recht,den gegen ihn gerichteten gegenwärtigen Angriff auf sein Leben mit den Mitteln des Schußwaffengebrauchs abzuwehren.

Ich habe daher das Verfahren eingestellt.

Oberstaatsanwalt Severin

Exkurs über Mord

(Der erste Prozeß, 1974)

Amtsgericht Tiergarten

1 Berlin 21, den 3.7.1973

Strafbefehl

Herrn
Dr. Klaus W A G E N B A C H
geb. am 1o.Juni 193o in Berlin

1 B E R L I N 31
Jenaer Straße 9

in Berlin
im Novoember 1972

anedre öffentlich beleidigt zu haben,

indem Sie

als Verleger des "Roten Kalenders 1973" in dieser Druckschrift bezüglich der Berliner Polizei schreiben ließen:"... Bei Demonstration gegen Schah-Besuch in Berlin ermordet der Kriminalpolizi st Kurras den Studenten Ohnesorg....(S.43)", "... Georg v. Rauch wird in Berlin ermordet.... (S.94)", "... der beiden politischen Morde an Georg v. Rauch und Thomas Weißbecker.... (S.95)", "... in beiden Fällen handelt es sich also um geplanten Mord.... (S.96)".

– Vergehen – nach § §185, 194, 196 StGB
§ 19 Berliner Pressegesetz

wird – ~~wegen~~ – deshalb – gegen Sie
eine Geldstrafe von 5oo.- (fünfhundert) DM

lege namens und in Vollmacht des Beschuldigten gegen den am 14.Juli 1973 zugestellten Strafbefehls des Amtsgerichts Tiergarten vom 3. Juli 1973

E I N S P R U C H

ein.

gez. Schily
Rechtsanwalt

London, Februar 1974

Unsere Besorgnis wird vermehrt durch die Umstände des Todes dieser Menschen. Im Fall Georg von Rauch wie im Fall Ian MacLeod waren die von der Polizei angebotenen Erklärungen irreführend und voll von Widersprüchen. In beiden Fällen behauptete die Polizei, ihre Opfer hätten zum "harten Kern der Baader-Meinhof-Gruppe" gehört; in beiden Fällen mußte diese Anschuldigung fallengelassen werden; in beiden Fällen behauptete die Polizei auch, in Notwehr gehandelt zu haben. Ähnliche unhaltbare Behauptungen wurden in den Fällen Benno Ohnesorg und Thomas Weißbecker gemacht.

Die Eröffnung des Verfahrens gegen Dr. Klaus Wagenbach erweckt schwere Zweifel am Verhalten der deutschen Polizei und an dem Gebrauch, der von der deutschen Justiz gemacht wird.

(aus einer Erklärung britischer Professoren, Verleger, Pastoren und Schriftsteller, Februar '74)

Wir dokumentieren im folgenden die beiden inkriminierten Seiten 95 und 96; daß die EHRE der Berliner Polizei so schwer erschütternde Wort wurde jeweils gestrichen.

Die Methode des legalen [redacted]

Wenn man sich den Hergang der beiden politischen [redacted] an Georg von Rauch und Thomas Weißbecker vergegenwärtigt, dann fällt die Gleichförmigkeit auf. Die folgende Gegenüberstellung zeigt es:

1. G. wurde am Tag vor seiner [redacted] auf die Baader-Meinhof-fahndungsliste gesetzt. Später wurde dies von der Bundesstaatsanwaltschaft widerrufen.

1. Bayerns Innenminister Merk bittet am Tage vor Thomas Ermordung die Bevölkerung um Verständnis, »daß die Polizeibeamten in Zukunft in ungeklärten Situationen die Regeln, die für ihre eigene Sicherheit gelten, noch strenger als bisher anwenden (SZ. 2. 3. 72)

Die Bevölkerung wird also in beiden Fällen »eingestimmt«

2. G. wurde am Tage vorher observiert.

2. Die Wohnung wurde 4 Wochen vorher observiert.

Der Aufenthaltsort war also in beiden Fällen bekannt.

3. Als erste Pressemeldung wird ein Schußwechsel zwischen Baader-Meinhof-Gruppe und Polizei von der Polizei herausgegeben.

3. dito (Sprecher des Innenministeriums, FR), obwohl allen Beteiligten und Zeugen klar sein mußte, daß nur ein einziger Schuß fiel.

Obwohl also den leitenden Stellen von vornherein klar sein mußte, daß der Sachverhalt anders ist, wurde der Vorfall so geschildert. Diese vorgefertigte Lüge von höchster Stelle dient einmal dazu, die glatten [redacted] als Notwehr zu deklarieren und zum andern soll die Gefährlichkeit der B. M.-Gruppe ins Bewußtsein der Bevölkerung gehämmert werden.

4. Polizist schießt aus 3-4 m Entfernung.	4. Staatsschützer schießt aus 3-4 m Entfernung.

In beiden Fällen wurde also nicht versucht, wenn wirklich eine Gefahr für den Polizisten bestanden hätte, durch einen nicht lebensgefährlichen Schuß, z. B. ins Bein (der aus dieser Entfernung auch einem Nicht-Scharfschützen gelungen wäre), den Gegner außer Gefecht zu setzen. *In beiden Fällen handelt es sich also um geplanten [redacted].*

5. Jeder Schritt wird eine Stunde lang von einer Vielzahl von Polizisten beobachtet. Gelegenheit zu einer für beide Seiten ungefährlichen Festnahme bestand.	5. Aus der genauen und langen Überwachung kann geschlossen werden, daß sich vorher oder später eine günstigere d. h. weniger gefährdende Gelegenheit zur Verhaftung ergeben hätte.
6. Der Abtransport der Leiche findet mit einer unüblichen Geschwindigkeit statt. Man kann vermuten, daß der Krankenwagen schon vorbestellt war.	6. dito
7. Keine Markierung der Leiche und des Standorts des Schützen.	7. Markierung und Rekonstruktion erst nach Abtransport der Leiche, daher zweifelhaft.
8. Beeinflussung der Zeugen, z. B. Gemüsehändler Hübner, ein direkter Tatzeuge, wurde mehrfach auf eine Seereise geschickt.	8. Ein Fotograf, der zufällig am Tatort war, wurde behindert - ihm wurde die Kamera weggenommen. Auf Betreiben des Landeskriminalamts wurden ein Pfarrer und ein Immobilienhändler widerrechtlich zum Schweigen gebracht.
9. G. und die beiden Begleiter waren unbewaffnet (vorheriges Abtasten), trotzdem wird der [redacted] als Notwehr hingestellt.	9. Angeblich hat T. eine Waffe gezogen, obwohl selbst ein einige Sekunden nach dem Mord gemachtes Foto keine Waffe erkennen läßt.
10. Verschweigen des wichtigsten Indizes für das benutzte Kaliber: die durchgeschossene Brille von G.	10. Falschmeldung über die gebündelten 1000-Markscheine, die bei der Begleiterin angeblich gefunden worden waren. Damit sollte sofort eine Beziehung zu den Banküberfällen konstruiert werden.

Folgende Fakten müssen korrigiert werden:
'Gemüsehändler' Hübner war nach seinen Angaben im Prozeß auf keiner Seereise; der "Roten Hilfe" war dies seinerzeit von einer Angestellten Hübners gesagt worden. Eigenartigerweise wurde Hübner aber erst über 2 Monate später, am 14.2., zum zweitenmal vernommen. (Siehe Seite 47)-
Zumindest Baumann und Knoll waren bewaffnet; allerdings kaum mit 4 oder oder gar 5 Pistolen.-
Schulz schoß nicht aus 3-4 m, sondern aus noch kürzerer Entfernung.
Die Brille* Georg von Rauchs tauchte nach angemessener Frist wieder auf.

(Anm. d. Red.)

*

Es geht um ein kleines rundes Stück Glas. Genauer gesagt um ein Brillenglas. Es ist offensichtlich verschwunden.

B.Z.

Der bei dem Zwischenfall erschossene und zur Baader-Meinhof-Bande gehörende 24jährige Georg von Rauch hatte bei seiner Festnahme eine Brille getragen, um sein Äußeres zu verändern. Nach seinem Abtransport wurde jene Brille neben der Blutlache von einem Passanten gefunden. Sie war offensichtlich im allgemeinen Durcheinander von den Beamten übersehen worden.

Als die Brille nämlich einige Zeit danach bei der zuständigen Ermittlungsbehörde in einem Kuvert abgeliefert wurde, machten die Beamten eine merkwürdige Entdeckung: Das durchschossene Brillenglas war weg. Sozusagen auf dem Dienstweg verschwunden.

Daß es vorher da war, darüber gibt es keine Zweifel. Denn es liegen mehrere Aussagen von Zeugen vor, die das durchschossene Brillenglas einwandfrei gesehen haben

Erich Fried:
Über den Begriff "Mord"

(Aus dem Gutachten)

Wenn Klaus Wagenbach an jeder der umstrittenen Stellen statt "Mord" oder "ermordet" "tödliche Verletzung" oder "tödlich verletzt" geschrieben hätte, dann stände er nicht als Angeklagter hier. Das wäre aber eine furchtbare Verzerrung der deutschen Sprache, die nicht nur die Tatsache des Todes verniedlichte und dadurch verhöhnte, sondern zugleich ein Schandfleck für eine Gesellschaft, die Schriftsteller und Publizisten zu solchen Sprachverrenkungen zwingt, weil es ihnen sonst übel ergeht. Bitte sehen Sie sich den"Roten Kalender 1974" an, der nicht mehr von Klaus Wagenbach herausgegeben wurde, sondern von einer Gruppe von Menschen, die sich mit ihm zerstritten haben, und der zum Unterschied von Klaus Wagenbachs Kalender nicht konfisziert wurde. Was steht dort unter dem entsprechenden Datum?Gestatten Sie, daß ich vorlese:
"Weil im Roten Kalender 1972 und 1973 an dieser Stelle stand 'Kurras ermordete den Studenten Ohnesorg' ermittelt der Staatsanwalt." Da haben Sie es: das sind die Anfänge der Sprachverkrümmung! In autoritären Staaten und in Diktaturen nennt man diese Umgehungsmanöver und Sprachverbiegungen "Sklavensprache".

Der Tod eines Menschen von der Hand eines anderen Menschen ist eine furchtbare Katastrophe, und deshalb ist das Wort "Mord" von alters her eines der ersten Worte, das uns als Bezeichnung dafür einfällt. In meiner Bibel, nach der Übersetzung Martin Luthers, heißt es im ersten Buch Mose, im vierten Kapitel als Zwischentitel "Kains Brudermord". Mord, der erste Mord, wie wir als Kinder gelernt haben, obwohl man juristisch natürlich auf Affekthandlung plädieren könnte, auf Totschlag.Wenn ich sage "die tödliche Verletzung Abels", so ist es kein Zufall, daß das ausgesprochen blasphemisch klingt! Also nicht tödliche Verletzung, auch nicht Tötung, auch nicht Totschlag, sondern Mord.
Glauben Sie nicht, daß ich abschweife! Nein: so, genauso wird in uns der Gebrauch von Worten von Kindheit an begründet und angelegt.

Das Wort "Mord" sagt etwas Furchtbares aus, aber es ist an sich nicht etwas Beleidigendes, nicht etwas Verächtliches, Erniedrigendes,wie zum Beispiel: Betrug. Ich glaube nicht, daß das Wort an sich eine beleidigende Absicht oder Funktion hat. Wäre dies so, dann hätten sich niemals im Laufe der Zeit Zusätze wie: schändlicher Mord, ruchloser Mord, böswilliger Mord usw. eingebürgert. Es gibt noch einen besseren Beweis dafür, nämlich das Wort "Selbstmord". Auch da bezeichnet das Wort etwas Furchtbares, das uns aufrütteln und warnen soll, aber es hat nichts Beleidigendes, nichts Anrüchiges, wenn auch freilich etwas Anklagendes.

Oder sehen wir, wie das Wort "Mörder" im berühmtesten aller deutschen Dramen,in Goethes 'Faust' verwendet wird!

Gretchens Bruder Valentin greift Mephistopheles und Faust wütend an und zerschlägt zunächst die Zither. Dann ruft er:

"Nun soll es an ein Schädel spalten!"

Also schwerste Todesdrohung!
Valentin ficht. Mephistopheles sagt zu Faust:

"Stoss zu!"

und Valentin fällt bei Fausts erstem Streich tödlich verwundet. -
Mephistopheles sagt zu Faust:

"Nun aber fort! Wir müßen gleich verschwinden: Denn schon entsteht ein mörderlich Geschrei. Doch mit dem Blutbann schlecht mich abzufinden."

Der Ausdruck "ein mörderlich Geschrei" heißt nicht, daß man Faust oder Mephistopheles ermorden will, sondern bezieht sich auf das 'Zetermordio', die alte Mordklage. Der Blutbann ist das Recht über Leben und Tod, das damals nicht die Polizei, sondern nur der Landesherr hatte.
Und einen Augenblick später fragt Frau Marthe:

"Die Mörder, sind sie denn entflohn?"

und kurz vor Ende des Ersten Teiles der Tragödie heißt es:
"Über des Erschlagenen Stätte schweben rächende Geister und lauern auf den wiederkehrenden Mörder."
Hier also fällt wiederholt das Wort Mörder, obwohl man entschieden behaupten könnte, daß der von Valentin mit blanker Waffe angegrif-

fene Faust, der erst daraufhin seinen Degen zieht, erstens nicht in tödlicher Absicht gehandelt hat, und zweitens, daß er mindestens ebensosehr in Notwehr gehandelt hat - wenn nicht sogar weit mehr - als irgendeiner unserer Polizisten in den Fällen, in denen die Verwendung des Wortes Mord heute hier Klaus Wagenbach zum Vorwurf gemacht wird. Der klassische Wortgebrauch Mord, Mörder bei Goethe stützt in diesem Fall entschieden Dr. Klaus Wagenbach, der ja Germanistik und Kunstgeschichte studiert hat, gegen seine Ankläger. Auch das klassische Wort Tyrannenmörder zeigt, daß das Wort an sich nicht beleidigenden Charakter hat.

Klaus Wagenbach hat das Wort "Mord" und "ermordet" gewählt, um über den Tod von Menschen zu klagen, um an das Gewissen und Denken von Mitmenschen zu appelieren, um ihnen die Frage aufzudrängen, wie es dazu kommen konnte, daß Menschen in solcher Art vom Leben zum Tode gebracht wurden, und auch um anzuklagen: um zu zeigen, daß bei solchen "tödlichen Verletzungen" irgendwo eine furchtbare Schuld ist.

Dennoch wird ein Schriftsteller oder Publizist, wenn er sich für oder gegen den Gebrauch eines Wortes wie Mord entscheiden soll, nie außer Acht lassen, ob das Töten eines Menschen sich rechtfertigen läßt oder nicht. Auch ein malaischer Amokläufer ist zwar letztlich Opfer seiner Gesellschaft, die ihn zum Wahnsinn getrieben hat: und doch kann es nötig sein, ihn zu töten, um das Leben derer zu retten, die er mit seinem Dolch bedroht. Ich habe mir nicht angemaßt, als Schriftsteller solche Fragen allein zu entscheiden. Aber ich kannte den Juristen und Autor Generalstaatsanwalt Fritz Bauer aus Frankfurt, der mir gesagt hat, daß er den Tod Benno Ohnesorg als Mord ansah, ebenso wie viele Fälle, in denen Polizei Demonstranten und andere angeblich "auf der Flucht" oder "in Notwehr" erschoß.

Und Fritz Bauer schrieb in der "Streitzeitschrift" September 1968:

"Läuft ein Mörder Amok, dann ist die Schußwaffe am Platz, auch wenn der Schuß tödlich sein kann. Sind andere Rechtsgüter als das Leben Dritter in Gefahr...ist Waffengebrauch 'unverhältnismäßig'. Wird in Fällen dieser Art geschossen, so darf es nur geschehen, wenn jedes

Risiko ausgeschlossen ist, daß der Schuß ein anderes Ergebnis hat als bloße Fluchtunfähigkeit."
Und zur Frage wie das, was Fritz Bauer den staatlichen Umgang mit Menschen nennt, sich entwickelt hat, schreibt er: "Das ist die Art wie man hierzulande mit den Grundrechten Schindluder trieb und treibt."
Seit dem Tod Fritz Bauers 1968 haben sich derlei "tödliche Verletzungen" sehr vermehrt.Der Autor Fritz Bauer hätte ebenso wie der Autor Klaus Wagenbach, weder im Fall Benno Ohnesorg, noch im Fall Georg von Rauch, noch im Fall Thomas Weisbecker die Tötungsnotwendigkeit,wie im Fall eines Amokläufers, zugegeben. Daher ist auch vom Wortgebrauch her das Wort Mord nicht etwa so abzulehnen wie im Fall der Tötung eines Amokläufers.

Es wäre unehrlich, wenn ich hier schließen wollte, ohne zu gestehen, daß ich mir die Gewissensfrage gestellt habe: wie ich an Stelle von Klaus Wagenbach gehandelt hätte. Ich habe seinerzeit keineswegs mit allen einzelnen Formulierungen und Ausgestaltungen des Roten Kalenders übereingestimmt.Aber ich glaube, ich hätte mindestens in den beiden Fällen, über die ich schon damals gut informiert war,Benno Ohnesorg und Georg von Rauch, ebenfalls das Wort "Mord" gebraucht. Ich weiß, Herr Kurras wurde zweimal freigesprochen.
Aber im Bewußtsein und im Wissen von unzähligen Menschen in Deutschland, und erst recht in England (wo ich wohne), haben diese Freisprüche keinen Widerhall gefunden, oder Widerhall schon, aber etwa denselben Widerhall, wie wir ihn in den Schriften Generalstaatsanwalt Fritz Bauers finden; einen bitter skeptischen Widerhall, der dem freigesprochenen Todesschützen wenig nützt, aber dem Ansehen der Justiz Deutschlands wenig Ehre macht. Ich darf in diesem Zusammenhang die Worte eines namhaften deutschen Autors und Publizisten zitieren, Herrn Prof.Dr.Ulrich Sonnemann.
Er schrieb über den Fall Ohnesorg/Kurras:
"Daß Polizisten in Deutschland a priori nur fahrläßig oder in Notwehr töten, auch wenn sie einem zusammengeschlagenen Ohnmächtigen mit sorgfältigem Zielen in den Hinterkopf schießen gehört, da in England beides, der Schuß wie

seine Leisetretung, undenkbar ist, nicht zum Kapitalismus, sondern zur deutschen Kultur."

Wenn ich mich nach all dem für oder gegen den Gebrauch des Wortes Mord entscheiden müßte, würde ich mir das immer von neuem überlegen, schon aus Gewissensgründen. Aber zum Gewissen eines Schriftstellers und Publizisten gehört auch, die Dinge beim Namen zu nennen. Ich hätte vielleicht Angst vor der vernichtenden Macht der Institutionen, die das Beim-Namen-Nennen der Dinge mehr und mehr zu bedrohen scheinen. Und es ist möglich, daß ich mich von dieser Angst überwältigen und mir meine Muttersprache im Mund verbiegen lassen würde und nurmehr Sklavensprache sprechen und umschreiben oder schließlich gar schweigen würde.
Aber ich hoffe, ich würde es nicht tun, sondern den Mut aufbringen und "Mord" sagen; gewiß nicht, um die Todesschützen zu beleidigen und ihnen etwas anzutun, sondern um verhindern helfen, daß anderen Menschen wieder das Äußerste angetan wird. Und ich gestehe, ich habe auch in der Vergangenheit mehrmals beim Erörtern dieser Fälle das Wort Mord gebraucht. Auch Heinrich Böll, der bei meinem Prozeß in Hamburg als Experte für Wortgebrauch sprach, hat dem Staatsanwalt gesagt, daß auch er in solchen Fällen mehrmals das Wort Mord gebraucht hat. Und ich darf vielleicht aus eigener Erfahrung dazu sagen, daß im Ausland das Ansehen eines Landes durch Schriftsteller und Publizisten, die sich nicht scheuen, Dinge, die sie als Unrecht und Unmenschlichkeit empfinden, in den härtesten Worten zu verurteilen, nur erhöht wird, auch wenn in der Heimat manche sie 'Nestbeschmutzer' schimpfen.
Das Erschießen von Demonstranten, von politisch mißliebigen Studenten und Oppositionellen, die von den Behörden nur allzuleicht als gefährliche Ungeheuer dargestellt werden, ist im Grunde immer und überall Mord. Die gerichtliche Verfolgung von Schriftstellern und Publizisten, die unliebsame Dinge beim Namen nennen oder unterdrückte Texte veröffentlichen, ist im Grunde immer und überall Unrecht. Und schließlich: es geht jedenfalls nicht an, Nobelpreisträger wie Solschenizyn und Böll

mit einem Maßstab zu messen, und weniger berühmte Kollegen mit einem anderen Maßstab. Das verabscheut auch Heinrich Böll. Aus all diesen Gründen glaube ich, daß Klaus Wagenbach, indem er die Worte Mord und ermordet gebraucht hat, durchaus als gewissenhafter Schriftsteller und Publizist gehandelt hat und daß wir in Berlin und in der Bundesrepublik sehr unguten Zeiten entgegengehen könnten, wenn Schriftsteller und Publizisten für so etwas wieder verfolgt werden.

Heinrich Böll:
Über den Begriff "Mord"

(Aus dem Gutachten)

Es bedarf keiner psychologischen, lediglich einer zeitgeschichtlichen Einsicht, wenn man feststellt, daß zur fraglichen Zeit - Anfang Dezember 1971, als Georg von Rauch erschossen wurde - alle beteiligten Parteien, die Polizeibeamten, die polizeilich Gesuchten, die publizistischen Beobachter und Analytiker der Szene nach und während einer beispiellosen Demagogie in Bezug auf andere Fälle durch einen Teil der Presse nervlich und psychisch überlastet waren.
Um die Situation des Polizeibeamten, Herrn Schulz, beurteilen zu können, müßte man alle Weisungen und Anweisungen, alle Vorschriften kennen, mündliche und schriftliche, die generellen und die für diese Aktion um Georg von Rauch speziellen; man müßte auch voraussetzen können, daß alle nicht polizeilichen Behörden, die an der Aktion beteiligt waren, die abgeordneten Personen benennen und ihre Anweisungen offen legen würden. Immerhin war der Verlauf der Aktion so undurchsichtig, daß das Deutsche Fernsehen sechs Wochen nach der Aktion am 10.1.72 zur Hauptsendezeit eine Rekonstruktion brachte, um die Ermittlungen voranzutreiben. Die von Erich Fried zitierte Äußerung des Herrn Polizeipräsidenten von Berlin, Georg von Rauch sei "tödlich verletzt" worden, ist ein peinlicher Euphemismus, der weder Herrn Schulz noch der Berliner Polizeibehörde nützlich ist.
Es gehört nun einmal zu den wichtigsten Voraussetzungen der Demokratie, daß sich die Exe-

kutive einer Kontrolle unterwerfen muß, daß sie auskunftspflichtig ist; jeder ungeklärte Fall erhöht das Mißtrauen ins Funktionieren dieser Kontrolle.
Selbst wenn ein Polizeibeamter in Ausübung seiner Pflicht keinen anderen Ausweg gewußt und gesehen hat, als die Tötung eines Menschen so bleibt das ein ernster, ein fürchterlicher Vorfall. Staat und Gesellschaft haben in Zeiten, in denen die Exekutive halbwegs unter Kontrolle stand, die Tötung eines Menschen - und wenn es die Hinrichtung eines geständigen Massenmörders war - immer als ernsten Vorgang behandelt und betrachtet. Das drückte sich schon in einer gewissen, wenn auch manchmal makabren Feierlichkeit aus, mit der eine Hinrichtung vollzogen wurde.
Wie sollte jemand wie Erich Fried, der sich in einer öffentlichen Auseinandersetzung zu Wort meldet, diesen Vorgang nennen? Notwehrtötung? Vorbeugeerschießung? Die Worte Tötung und Erschießung haben ja ebenfalls Nebenbedeutungen, die als beleidigend empfunden werden können.
Tötung - das Wort ist durch die Euthansiemaßnahmen der Nazis belastet; das Wort Erschiessung hat die Nebenbedeutung von Hinrichtung. Welche Bezeichnung wäre nicht beleidigend, und welche wäre zutreffender als die peinlichen Verlautbarungen der Dienstherren von Herrn Schulz? Erfordert nicht der Tod eines Menschen und wäre er auch ohne jede rechtliche Einschränkung erschossen worden, eine Erklärung, die weniger lässig, nach- oder fahrlässig gewesen wäre wie die des Berliner Polizeipräsidiums? (Vergleiche Seite 38. Anm.d.Red.)
Erklärungen zu glauben und wären sie auch noch so lässig oder nachlässig, ist ausserdem eine Frage des Vertrauens, und eben dieses Vertrauen existiert nicht, und wird immer geringer, wenn Fälle wie der Tod von Georg von Rauch nicht durchsichtig werden. Schließlich handelt es sich nicht um Bagatellen.
Selbst wenn auch nur andeutungsweise Fahrlässigkeit bei der Erschießung von Rauchs vermutet werden könnte, müßte der Fall und zwar öffentlich geklärt werden.
Wird nicht außerdem, wenn jemand in Notwehr oder während einer Verfolgung auf jemand schießt, vorausgesetzt, daß er Tötungsabsichten hat? Das ist eine Frage, keine Feststel-

lung. Dem Werner Hoppe, gegen den hier in Hamburg verhandelt wurde, wurden drei Schüsse,die er abgegeben haben soll, als drei Mordversuche angelastet, und er bekam zehn Jahre Haft. Nun verteidigt ein Polizeibeamter nicht nur sich selbst, sondern die Ordnung, die zu schützen er im Dienst ist. Muß man auch bei ihm voraussetzen, daß er in Notwehr oder vorbeugend schießt, mit der Absicht schießt, zu töten?Das ist eine Frage. Und wie soll man diesen möglichen Tod, den sein Schießen zur Folge hat, nennen? Tötung? Erschießung? Hinrichtung etwa? Welchen Ausdruck, wenn nicht die nebulosen Erklärungen der vorgesetzten Behörde akzeptiert, kann man dafür verwenden?
Herr Schulz und seine Vorgesetzten und Dienstherren müßten doch einsehen, daß die Möglichkeit, Polizeibeamte könnten sich schuldig gemacht haben bei der Erschießung Georg von Rauchs in einem so unklaren Fall nicht ausgeschlossen werden konnte.Und wenn Polizeibeamte in Konfliktsituationen geraten können, muß der Konflikt öffentlich sichtbar werden, und es muß einem Publizisten erlaubt sein, die Erklärungen hoher Polizeidienststellen anzuzweifeln. Es gehört zu den Pflichten eines Journalisten, Publizisten und Schriftsteller wie Erich Fried, der sich selbst als engagiert definiert, auf Klärung zu bestehen, die öffentliche Kontrolle in Gang zu setzen, notfalls zu provozieren.
In Erich Fried mußte die Erschießung Georg von Rauchs düstere Assoziationen erwecken, besonders nach der Erschießung Benno Ohnesorgs, in der ein milde ausgedrückt peinlicher Kollege von Herrn Schulz tätig gewesen war. Vorausgesetzt werden muß aber auch, daß die Stimmungsmache, die in einem Teil der bundesdeutschen Presse lief, dazu angetan war, die Polizeibeamten nervlich, physisch und psychisch zu überlasten und sie unter einen Erfolgszwang zu stellen, der möglicherweise für vieles eine Erklärung wäre.

Klaus Wagenbach: Verteidigungsrede

Es klagt, wenn ich das richtig verstehe, der Berliner Polizeipräsident aufgrund von Hinweisen, die ihm die Staatsanwaltschaft zugeleitet hat und in Fürsorge für Polizeibeamte. Die erste Frage ist also, warum die Staatsanwaltschaft dem Berliner Polizeipräsidenten die entsprechenden Zeilen aus dem "Roten Kalender 1973" zugeleitet hat. Die Antwort ist nicht besonders schwierig: Die meisten von Ihnen werden wissen, daß der vorangegangene Kalender (1972) inkriminiert, der Verlag besetzt und über 25.000 Exemplare des Kalenders beschlagnahmt wurden.
Einige Details, die zur Beurteilung des jetzigen Prozesses gehören, werden die meisten von Ihnen aber nicht wissen; ich fasse sie kurz zusammen:

1. Die Beschlagnahme erfolgte nach einer tagelangen Denunziation durch die Springerpresse.
2. In einer von uns veröffentlichten Dokumentation wurde der Zusammenhang zwischen der Springer-Denunziation und dem Strafantrag von Herrn Staatsanwalt Weber bis in die Zitierweise der Anklageschrift nachgewiesen.
3. Die Berliner Justiz hat es abgelehnt, diese fantastische Anklage auch nur im mindesten zu korrigieren. Unser Einspruch wurde vollständig abgelehnt, bis in die lächerlichsten Details: Danach ist eine Aufforderung zur Veränderung von Kriegerdenkmälern nach wie vor eine Aufforderung zur Sachbeschädigung. Es ist mir - dies nebenbei - bis heute unbegreiflich, was dieser alberne und hochmütige Unsinn mit Rechtsprechung zu tun haben soll. Das ist einfach Polkwitz.
4. Derselbe Rote Kalender wurde auch in der Schweiz beschlagnahmt, unserm Einspruch aber ausführlich und in allen Punkten stattgegeben.
   Die Humorlosigkeit der Berliner Staatsanwaltschaft und das massive Auftreten einiger Dutzend schwerbewaffneter Polizisten im Verlag sowie die Beschlagnahme

des Buches auch in allen Buchhandlungen fand eine eher negative Presse, insbesondere im Ausland.

Nach solcher Vorgeschichte ist es begreiflich, wenn die Berliner Staatsanwaltschaft die folgende Ausgabe des Roten Kalenders gründlich prüft. Und ich finde es auch verständlich, wenn sie nun auf juristisch möglichst sauber inkriminierbare Stellen achtet, zum Beispiel auf den Begriff "Mord". Und die Fälle, die die Staatsanwaltschaft dann aufgriff, waren zudem so gelagert, daß die Staatsanwaltschaft nicht - wie beim vorigen Kalender - von sich aus aktiv werden mußte, sondern die Klage dem Polizeipräsidenten überlassen konnte.

Und wenn nun derjenige, dessen Polizeieinsatz im Kalender massiv kritisiert wurde, zugleich darüber entscheiden soll, ob einer seiner Beamten beleidigt worden sei, so ist Objektivität so wenig zu erwarten wie von einer Staatsanwaltschaft, deren Abhängigkeit von der Springerpresse nachgewiesen wurde. Dies zur Frage, <u>wer</u> klagt hier. Und ich berichte dies, um den Schein von Objektivität zu durchbrechen, mit dem Verfahren wie dieses oft herausgeputzt werden. Es ist also leicht einzusehen, daß dieser Prozeß keineswegs juristische Sachverhalte zum Inhalt hat, sondern politische Meinungsverschiedenheiten, womit ich zur dritten Frage - <u>in welcher Sache</u> wird hier Klage erhoben - sprechen möchte.

Hierfür ist es notwendig, zunächst von dem zu sprechen, was die Anklage <u>aus</u>läßt, nämlich die Bezeichnung auch der Erschießung von Mc Leod und Epple als "Mord" im gleichen Kalender. Der Grund dieser Nicht-Inkriminierung kann nicht der sein, daß diese Fälle sozusagen nach Tübingen oder Stuttgart gehören, denn im vorliegenden Strafbefehl wurde ich auch wegen der Bezeichnung "Mord" bei Thomas Weißbecker verurteilt, was dann vor ein Augsburger Gericht gehören würde. Und selbst wenn dies so wäre, bliebe immer noch die Frage, warum die Berliner Staatsanwaltschaft nur den Berliner und nicht auch den Stuttgarter Polizeipräsidenten mobilisierte. Aber darum geht es gar nicht.

Vielmehr zeigt die Auswahl, daß mit McLeod und Epple <u>die</u> beiden Fälle ausgespart wurden, bei denen die Schuld der Polizei außer jedem

Zweifel steht: Beide waren waffenlos und wurden hinterrücks erschossen. Auf der anderen Seite hat die Staatsanwaltschaft mit sicherem Instinkt die drei Fälle inkrimiert, die, wie auch immer, politische Implikationen haben. Das heißt: die Staatsanwaltschaft mißt mit zweierlei Maß und das ist auch verständlich. Sie möchte ja eine Verurteilung erreichen und hierfür ist eine rein juristische Argumentation am wirksamsten dann, wenn sie unbewußt oder bewußt politische Affekte mobilisieren kann. Und das ist - in Berlin - bei den Fällen Ohnesorg und von Rauch ja eklatant der Fall.

Die Einschränkung der Anklage auf die genannten drei Fälle beweist, daß dies kein formaljuristischer, sondern ein politischer Prozeß ist. Dies wird noch deutlicher, wenn man untersucht, wie noch innerhalb dieser Einschränkung eingeschränkt wird. Die Staatsanwaltschaft beantragt die Verurteilung wegen des Wortes "Mord" selbst in den drei Fällen nicht für alle Stellen, so insbesondere nicht für die Überschrift des ganzen Textes im Kalender. Diese Überschrift lautet: "Die Methode des legalen Mords". Es ist klar, warum die Staatsanwaltschaft diese Stelle mit Schweigen übergeht, denn hier wird - in der Überschrift und also verbindlich für die folgenden Seiten - ganz klar, daß im Folgenden eine <u>politische</u> Analyse versucht wird.

Der Titel belegt sehr genau, wie wir mit dem Begriff "Mord" operieren und was wir damit erreichen wollten. Mit der Koppelung "Legaler Mord" wollen wir deutlich machen, daß Morde innerhalb der Legalität möglich sind, Morde durch die Staatsgewalt, und daß wir die Erschießungen von Georg von Rauch und Thomas Weißbecker für solche Morde halten - so wurden ja auch auf den folgenden Seiten die Belege für diese These zusammengestellt. Das heißt: unserer Meinung nach hat die "Legalität" einer Tötung (und dies gilt auch und insbesondere für den Fall Ohnesorg) nichts mit ihrer moralischen und politischen Wertung zu tun. Um diese Wertung geht es aber: Der Rote Kalender ist ein literarisch-politisches Buch und kein juristisches Kompendium.

Hier muß auch entschieden dem - entschuldigen Sie den Ausdruck - <u>Begriffsimperialismus</u> der

Juristen widersprochen werden, der mit festen Begriffen wie "Mord" oder "bewegliche Sache" operiert und nicht wahrhaben will, daß diese Begriffe sich mit dem Sprachgebrauch weder im Hochdeutsch noch im Umgangsdeutsch immer dekken. Hochdeutsch ist (und manchmal hat man das Gefühl: das kränkt Juristen) älter als Juristendeutsch. Und wenn das Hochdeutsche von den Juristen schon mit so fürchterlichen Wechselbälgern wie "putative Notwehr" behelligt wird, so kann Juristendeutsch sich deswegen noch lange nicht als sprachliche Schiedsinstanz gebärden und eindeutige Begriffe dort durchsetzen wollen, wo das gar nicht möglich ist: beim gesprochenen und gedruckten Wort. Die Juristen wissen das auch und haben für Fälle, wo die sprachliche Differenz zu offensichtlich ist, zwei Notbrükken: die Formel "in Wahrung berechtigter Interessen" und die Formel vom "Kunstvorbehalt".
Danach muß beispielsweise auch juristisch ein Lump nicht immer ein Lump sein, sondern es kann sich auch um einen (straffreien) Kunstlumpen oder um einen (ebenso straffreien) in Wahrung berechtigter Interessen Lump genannten Lumpen handeln.
Wenn wir also "Mord" schrieben, so haben wir - das Buch erschien ja in einem Verlag, der auch schöngeistige Literatur publiziert - das Wort überlegt benutzt, das heißt historischer und zugleich breiter und lebendiger als Juristen. Die allerfrüheste Bedeutung des Wortes "Mord" bespielsweise, im Germanischen, war "verheimlichter Totschlag" (Kluge/Götze). Genau dieses Delikt hat sich die Polizei in den Fällen Ohnesorg, von Rauch und Weißbecker zu Schulden kommen lassen - nicht nur unserer Meinung nach. Oder ein anderes Beispiel: der Staatsanwalt würde außerhalb des Gerichtssaals, falls er, mal angenommen, unser politischer Gegner ist, sicher sagen, wir hätten mit dem Kalender ein ganz schönes "Zetermordio" gemacht. Da würden wir ihm recht geben: Zeter, das heißt "ze aehte her", das heißt "Her zur Verfolgung!" Und "mordio" wird wiederum im genannten Sinn gebraucht. Oder ein drittes Beispiel: gerade der von uns gebrauchte Begriff "Legaler Mord" hat mit einem anderen Begriff zu tun, der ebensowenig einklagbar ist: "Justizmord".

Mit anderen Worten: Die Judikative mag Begriffe der deutschen Sprache wohl zum Hausgebrauch durch Kastration und Einengung zu handhabbaren Straftatbeständen destillieren, aber sie kann keinesfalls diese Kunstprodukte dem gesprochenen oder gedruckten Deutsch aufoktroyieren wollen. Hier wäre es nach unserer Meinung dringend notwendig, wenn die Justiz selbstkritisch dieses feudalistische Begriffsmonopol abbauen würde, so wie es auch im Hamburger Urteil schon versucht wurde.
Selbstkritik aber fällt der deutschen Justiz notorisch schwer; womit ich bei der letzten Frage wäre: in welcher Tradition wird hier Klage erhoben?
Die Tradition ist, wie wir alle wissen, nicht nur schlecht, sondern auch ziemlich ungebrochen. Ich weiß nicht, ob es gerade dieser Saal war, jedenfalls war es dieses Haus, in dem beispielsweise der - ich wähle den Ausdruck bewußt - mörderische Blutrichter Rehse von einem Kollegen freigesprochen wurde.
Oder ich sage es einmal anders, mit den Worten von Klaus Schütz, der vorgestern, anläßlich der Verleihung der Ehrenbürgerschaft an Gustav Heinemann, den "Mangel an demokratischen Traditionen" beklagte. Mit anderen Worten: wir haben noch nicht die Stufe des Selbstverständnisses im bürgerlich-liberalen Verfassungsstaat erreicht, die in Amerika oder England seit Jahrzehnten üblich ist.
Ich fände es richtig, wenn der Berliner Polizeipräsident und die Staatsanwaltschaft einmal Konsequenzen aus solchen Überlegungen zöge.
So kann doch beispielsweise Justiz und Polizei nicht einfach leugnen, daß die Nazis nur wenige Richter, Anwälte oder Polizisten entlassen mußten - die meisten paßten einfach gut zum System. Es kann auch nicht geleugnet werden, daß in den folgenden zwölf Jahren die Trennung zwischen Judikative und Exekutive praktisch aufgehoben war, Polizei und Justiz Hand in Hand arbeiteten. Weswegen es doch wohl angebracht wäre, heute - auch in diesem Prozeß - umso strikter zu trennen.
Und zu den üblen Traditionen gehört auch der blödsinnige Respekt vor Uniform und Polizei. Wonach beispielsweise ein Polizist nicht lügt. Er lügt aber wie jeder. Deutsche Staatsan-

wälte müssen endlich begreifen, daß deutsche Polizisten auch lügen oder verschleiern, wie gerade in den behandelten Fällen. Deutsche Polizisten sind normale Deutsche, so wie deutsche Verleger normale Deutsche sind - ich will keine Sonderrechte, aber ich verlange, daß der Polizei hier nicht ein besonderer Ehrenkodex eingeräumt wird.

Entschuldigen Sie, wenn ich - wie es sich für einen letzten Satz gehört - einmal ganz deutlich werde: Das ist doch auch eine deutsche Tradition, daß derjenige, der eine Erschießung kritisierte oder auch nur darüber berichtete, verurteilt wurde. Nicht aber derjenige, der schoß. Und Erstere waren in der Regel Zivilisten und Letztere in der Regel Uniformierte. Solch ein Prozeß wie dieser wäre in Amerika unvorstellbar: selbstverständlich ist weder Lipmann noch sonst irgendein Kritiker, der die Todesschüsse der Polizei in Kent als "Mord" bezeichnete, vor Gericht gestellt, geschweige denn verurteilt worden.

Ich finde, solche deutschen Traditionen müßten einmal beendet werden. Ich kann deswegen diese Klage der Polizei zugunsten der Polizei gegen Kritik an der Polizei nur als peinlich empfinden.

Ingridgläser
Ingridvasen
Ingridleuchter

Donnerstag, 23. Dez. 1971 - 20 Pf

Bild

Baader-Meinhof-Bande mordet weiter

Bankraub: Polizist erschossen

Niemand weiß vorher, was er zu Weihnachten bekommt. Auf jeden Fall keine Erkältung. Dank Cebion.

Viel Geld

Die Tradition

Auch zwölf Einwohner des Dorfes Perlach waren in jenen blutigen Maitagen im Keller des Münchener Hofbräuhauses erschossen worden. Ihre Namen waren dem Leutnant Poelzing, der in Perlach für ›Ruhe und Ordnung‹ zu sorgen hatte, auf einem Zettel, dessen Urheber nie mit Sicherheit festgestellt worden ist, als ›Unruhestifter‹ mitgeteilt worden. Poelzing ließ sich von dem Perlacher Pfarrer Hell, dessen Ehefrau die Truppen beim Freikorps Lützow telefonisch angefordert hatte, bestätigen, daß die auf dem Zettel genannten Personen zur Gefolgschaft des »Kommunisten« Ludwig aus Perlach gehörten. Später stellte sich heraus, daß Pfarrer Hell überhaupt nur drei der aufgeschriebenen Personen persönlich kannte.

Bis September 1920 schleppte sich das Verfahren in der Zuständigkeit der Militärgerichtsbarkeit hin. Das Gericht der Reichswehrbrigade 3 (Berlin) beauftragte ausgerechnet das Freikorps Lützow mit der Untersuchung. Dort verschwanden die Akten zum ersten Mal. Sie waren angeblich am 21. 10. 1919 an das Bezirkskommando Charlottenburg übersandt worden. Ein »Bezirkskommando Charlottenburg« gab es überhaupt nicht. Nachdem preußische und bayerische Dienststellen wiederholt auf Beschleunigung des Verfahrens gedrängt und darauf hingewiesen hatten, wie mißlich das Verschwinden der Akten sei, wurden diese schließlich ›rekonstruiert‹.

In dem Ermittlungsverfahren gab es zunächst gar keine Beschuldigten, sondern es wurde als Verfahren gegen ›Unbekannt‹ geführt, und die Täter wurden als Zeugen vernommen.

Nach Aufhebung der Militärgerichtsbarkeit wurde das Verfahren von der Staatsanwaltschaft beim Landgericht München I übernommen. Sie »bezeigte gleichfalls großen Eifer, aber noch größere Geduld«, wie der Münchener Rechtsanwalt Dr. Philipp Loewenfeld berichtet. Bis es schließlich zu einer Verhandlung gegen Poelzing und Prüfert vor dem Münchener Schwurgericht kam, vergingen noch über 5 Jahre – sie endete mit Freisprüchen!

Das freisprechende Urteil vom 20. 1. 1926 wurde, nachdem das Reichsgericht die Revision der Staatsanwaltschaft verworfen hatte, rechtskräftig.
Die Perlacher Morde sollten die Justiz jedoch noch einmal beschäftigen. Als der ›Sozialdemokratische Pressedienst‹ sich im Januar 1926 mit der Rolle des Pfarrers Hell in der Perlacher Mordsache befaßte, kam es zu einer Privatklage des Pfarrers gegen mehrere Presseredakteure. Sie wurden vom Amtsgericht München zu Geldstrafen von 2000 bzw. 1000 Mark verurteilt.
Die sozialdemokratischen Redakteure sind tatsächlich die einzigen Personen, die wegen der Erschießung der zwölf Perlacher Arbeiter bestraft wurden.[15]

(Aus: Heinrich und Elisabeth Hannover, Politische Justiz 1918-1933. Frankfurt am Main 1966; Seite 58 ff.)

Im Namen des Volkes

Der Angeklagte wird

freigesprochen.

Er redet zwar von "Mord" und "ermorden", aber keineswegs hat er die Polizei bzw. die tätigen Polizisten als "Mörder" bezeichnet.

DIE WELT
UNABHÄNGIGE TAGESZEITUNG FÜR DEUTSCHLAND

Donnerstag, 21. Februar 1974 -

Bild

21.4.74

„Mord" am kleinen Mann?

Was ist los mit unserer Justiz? Da darf jemand Polizisten, die im Dienst für unser aller Sicherheit sorgen, ungestraft als Mörder bezeichnen.

... im Übrigen sind wir der Meinung, daß Berlin wieder vereinigt werden muß.

„Vieldeutiger" Mord

Falls ein Urteil, das gestern ein Moabiter Schöffengericht fällte, Rechtskraft erlangt, wird man in Zukunft die Polizei ungestraft als Mördertruppe bezeichnen dürfen.

Telex:
An alle Berliner Polizisten

liebe mitarbeiterinnen, liebe mitarbeiter (ausrufz)

die freisprechenden urteile vom vorwurf der beleidigung gegen zwei schriftsteller, die den - auch von uns als tragisch empfundenen - tod von zwei rechtsbrechern als 'mord' bzw. 'geplanten mord' durch polizei und staatsgewalt bezeichneten, erfuellen uns mit tiefer bestuerzung und sorge.

sorge darum, dasz damit offensichtlich ein prozesz eingeleitet wird, der einzelnen das recht zubilligt, ungesuehnt eine nicht selten das leben fuer andere einsetzende berufsgruppe als 'moerder' zu bezeichnen.

mord ist nicht nur fuer den juristen oder den schriftsteller eine festumrissene ehrlose tat, sondern im alltaeglichen sprachgebrauch fuer jedermann.

sie alle koennen sicher sein, dasz wir dieser entwicklung, w immer eine moeglichkeit besteht, nachdruecklich entgegenwirken werden. polizeifuehrung und personalvertretung sind sich in diesem bestreben uneingeschraenkt einig.

im uebrigen sehen wir mit groszer aufmerksamkeit dem ergebnis der zu erwartenden berufungsverhandlung auf das urteil des berliner schoeffengerichtes entgegen.=

der polizeipraesident in berlin — gesamtpersonalrat
klaus huebner — geier — schulz+

---

* Das heißt: Benno Ohnesorg und Georg von Rauch
Dieses Telex widmen wir allen Lesern - darunter auch Richtern -, die sich eine bis zum Verschweigen der Wahrheit gehende Kollegialität und Polizisten nicht vorstellen können oder wollen:
Der Polizeipräsident von Berlin, um SEINE EHRE so eifrig besorgt, bezeichnet Benno Ohnesorg beleidigend und wider besseres Wissen als Rechtsbrecher. Ebenso Georg von Rauch, der erst in jenem Verfahren zum "Rechtsbrecher" hätte erklärt werden können, das aber nie stattgefunden hat. Die EHRE von Benno Ohnesorg und Georg von Rauch ist dem Polizeipräsidenten ohnehin gleichgültig - das Telex diente wohl eher 2 anderen Zwecken: der Förderung des Gruppenmiefs in der Polizei, und der Förderung eben jenes Notwehrschüsse nahelegenden Klimas, das immer geleugnet wird. (Anm. Red.)

Berufung der Staatsanwaltschaft

Staatsanwaltschaft

1974

Berufungsrechtfertigung

Das Schöffengericht hat im Rahmen des objektiven Tatbestandes nur geprüft, ob durch den Gebrauch der Worte "ermorden" und "Mord" Mißachtung geäußert wird. Es hat dabei übersehen,daß der kurze Satz auf Seite 94 "1971: Georg von Rauch wird in Berlin ermordet" auf den Seiten 95 und 96 des Roten Kalenders 1973 erläutert wird.

Dem Polizeibeamten, der den Schuß abgab, und der gesamten Berliner Polizei wird damit ein verbrecherisches Verhalten unterstellt. Die Berliner Polizei wird somit in unerträglicher Weise verunglimpft...
In der politischen Auseinandersetzung wird von Linksextremisten dieses Wort dazu gebraucht, den politischen Gegner zu verunglimpfen, ihm verbrecherisches Verhalten nachzusagen. Daß auch der Angeklagte dieses Wort nicht anders versteht und gebraucht, wird auf den Seiten 95 und 96 des 'Roten Kalenders' mit aller Klarheit erläutert.
... das angefochtene Urteil aufzuheben und den Angeklagten zu einer schuldangemessenen Strafe zu verurteilen.

Kuntze
Oberstaatsanwalt

Die Erschießung als Üble Nachrede

(Der zweite Prozeß, 1975)

(Erklärung des Verlages zum Prozeß 1975:)

Am 14.1. beginnt die Berufung im Prozeß des Berliner Polizeipräsidenten gegen Klaus Wagenbach wegen Beleidigung der Berliner Polizei. Anlaß: Unsere Behauptung, Benno Ohnesorg und Georg von Rauch seien "ermordet" worden, stelle eine Beleidigung der Berliner Polizei dar. In erster Instanz war Wagenbach freigesprochen worden.
Die Berufung gegen diesen Freispruch wurde von der Berliner Staatsanwaltschaft mit großem Aufwand vorbereitet: Vorgesehen sind (vorläufig) 6 Verhandlungstage, 38 Zeugen und Sachverständige. Die Erschießung Rauchs soll vollständig rekonstruiert, zur Erschießung Ohnesorgs der Freispruch des Todesschützen verlesen werden. Beide Absichten zeigen, daß auf der juristischen Definition des Wortes "Mord" beharrt werden soll, also der eingeschränkten Bedeutung. Nur so wird eine Verurteilung möglich. Der Zusammenhang, in dem wir das Wort benutzten, wie auch der allgemeine Sprachgebrauch (z.B. 'Selbstmord', 'Mord im Straßenverkehr', 'Justizmord') zeigen aber, daß mit unserer Bezeichnung der Erschießung Ohnesorgs und Rauchs als "Mord" eine politisch-moralische Verurteilung ausgesprochen wurde. Diese Verurteilung besteht aber - wie man auch im einzelnen werten mag - zu recht: In beiden Fällen hat die Polizei keineswegs dazu beigetragen, die volle Wahrheit über den Tod der Erschossenen an den Tag zu bringen, sondern verschleiernd und fehlerhaft gehandelt.
Genauso ist das Verhalten der Polizei seinerzeit auch von weiten Teilen der Öffentlichkeit kritisiert worden. Und auch die Erschießungen sind so bezeichnet worden, als "Mord" (Robert Neumann, Ulrich Sonnemann), "Vorbeugemord"

(Erich Fried) und als "ungeheuerlicher Fall öffentlichen Mordes durch die Staatsgewalt" (Heinrich Böll).
Daß Staatsanwaltschaft und Polizeipräsident nun ausgerechnet gegen Klaus Wagenbach vorgehen, nach so langer Zeit und mit einem viele tausend Mark verursachenden Aufwand, kennzeichnet die eigentlich politische Absicht des Prozesses: es ist bekannt, daß der Verlag Klaus Wagenbach - ohnehin ein beliebtes Objekt der Berliner Justiz - klein und finanziell schwach ist.

Claus Menzel und die "Unterpresse"

Kommentar SFB/WDR 2.2.75 (Claus Menzel)

Der Strafbefehl wegen Beleidigung erging im Herbst 1973. Als Wagenbach Widerspruch einlegte, wurde im Frühjahr 1974 gegen ihn vor dem Schöffengericht wegen Beleidigung verhandelt. Und erst in der Berufungsverhandlung vor der Grossen Strafkammer - also zwei Jahre nach der Beschlagnahme des Kalenders - soll der Staatsanwalt auf den Gedanken gekommen sein, man könnte doch auch eine Verurteilung wegen übler Nachrede anstreben?
Wenn das so ist, wäre den damit befassten Staatsanwälten dringend zu empfehlen, zuweilen die eine oder andere Lehrveranstaltung an der Juristischen Fakultät der Freien Universität zu besuchen. Es könnte sich das als nützlich erweisen. Wenn das aber nicht so sein sollte, dann stellt sich die Frage, ob man Wagenbach hier in einen Instanzenweg lockte, an dessen Ende die mit hohen Prozesskosten verbundene Verurteilung stehen würde.

(Staatsanwalt Weber zu diesem Kommentar im Prozeß: "Das ist eine Diffamierung der Unterpresse. Verfahren dieser Art finden öfter statt, nur hat Wagenbach eben eine besser funktionierende public-relations-Abteilung." Anm.d.Red.)

Frankfurter Rundschau 26.2.1975

Die letzten Reste von Klarheit sind beseitigt

Der Prozeß Berliner Polizei kontra Wagenbach / Viele Zeugen

Von Claus Menzel

Der schon seit längerem laufende Prozeß gegen den Verleger Klaus Wagenbach vor der Dritten Großen Strafkammer des Landgerichts Berlin war von Anfang an umstritten: Was Wagenbach vorgeworfen wird — er hat im Zusammenhang mit der Erschießung des Studenten Georg von Rauch durch einen Berliner Polizisten die Begriffe „Mord" und „ermordet" verwendet —, taten auch andere, aber die wurden freigesprochen, wie der Schriftsteller Erich Fried, oder gar nicht erst angeklagt, wie Heinrich Böll.

In erster Instanz war Wagenbach wegen Beleidigung angeklagt und freigesprochen worden, weil die Beleidigungsabsicht nicht nachgewiesen werden konnte. In der zweiten Instanz dann erweiterte man den Vorwurf auf den Tatbestand der üblen Nachrede, und damit waren die Umstände, die am 4. Dezember 1971 zur Erschießung des Georg von Rauch führten, plötzlich Verhandlungsgegenstand. Auf dem Umweg über eine Verurteilung Wagenbachs strebte Berlins Polizeiführung offenbar eine gerichtliche Absegnung ihrer Version vom Tod des Studenten an.

Daß dieses Ziel erreicht worden sei, läßt sich freilich nicht behaupten: Gehört wurden seit dem 14. Januar mehr als 50 Zeugen, darunter mehrere Experten. Gehört wurde der Todesschütze namens Hans-Joachim Schultz, gehört wurde Berlins Innensenator Kurt Neubauer und Berlins Polizeipräsident Klaus Hübner. Das Fazit dieser Vernehmungen: Gewiß hat der Kriminalpolizist Schultz am 4. Dezember 71 nicht den „Mord" genannten Tatbestand des Strafgesetzbuches erfüllt. Ebenso gewiß aber hat Berlins Polizeiführung vor, während und nach dieser Erschießung eine Schludrigkeit und Nachlässigkeit an den Tag gelegt, die in jedem Kriminalroman unwahrscheinlich wäre. Am Tatort sei es, wie ein Polizist bekundete, zugegangen „wie auf dem Jahrmarkt". Anwohner und zufällige Passanten halfen den konfus hin und her eilenden Polizisten freundlicherweise beim Einsammeln von Projektilen und Patronen. Die Lage der Leiche zu markieren, wurde schlicht „vergessen". Und damit nicht genug.

Den Akten zufolge ist der Todesschütze Schultz drei Tage später im Krankenhaus vom damaligen Kriminaloberrat Frenz vernommen worden, um, wie es im Protokoll heißt, noch bestehende Widersprüche ausräumen zu helfen. Frenz will zu dieser Vernehmung keine Unterlagen mitgenommen haben und Schultz will nie im Besitz von Aussagen anderer Zeugen gewesen sein.

Dennoch finden sich im Protokoll der Vernehmung von Schultz Hinweise auf die Seitenzahlen anderer Zeugenaussagen. Und weiter: Während zunächst behauptet worden war — und so steht es auch in den Protokollen —, allein die mutmaßlichen Straftäter hätten mit Pistolen vom Kaliber neun Millimeter geschossen, stellte sich nun heraus, daß auch der Schultz-Begleiter Schiemann über eine Neun-Millimeter-Pistole verfügte, die nie auf Schußspuren hin untersucht worden ist.

Kurzum, diese Beweisaufnahme hat bei aller Akribie die letzten Reste von Klarheit gründlich beseitigt. Es bleibt nur der Rückgriff auf die Metaphysik. Ein unbewaffneter Toter schießt, wirft die Waffe weg und besinnt sich erst dann auf seine Pflichten als Leiche. Der Berliner Polizeipräsident verlangt zwar die Verurteilung Wagenbachs, weil dessen Version vom 4. Dezember 1971 falsch sein soll. Gleichzeitig aber verhindert er die Aufklärung des tatsächlichen Hergangs mit der Begründung, auch drei Jahre später dürfe über den Gesamteinsatz an jenem Tage nichts gesagt werden, weil wesentliche Belange des Landes Berlin auf dem Spiel stünden.

Der umherschweifende, hinkende und waffenlose Verfassungsschutz?

Antwort auf Antrag Schily:

23. Januar 1975

Betr.: Berufungsverfahren gegen Dr.Klaus Wagenbach
hier: Vorlage eines Einsatzbefehls

Der Polizeipräsident in Berlin vermag Ihrer Bitte um Vorlage des schriftlichen Einsatzbefehls für die Fahndungsmaßnahmen vom 4. Dezember 1971 aus Gründen der Geheimhaltung nicht zu entsprechen... das Bekanntwerden des Inhalts des Einsatzbefehls dem Wohl des Landes Berlin Nachteile bereiten würde.

Zum Wohle des Landes Berlin

Frage Otto Schilys im Prozeß:

"Darf ich zum Wohle des Landes Berlin so verstehen, daß Sie den Beamten des Landesamtes für Verfassungsschutz Aussagegenehmigung erteilen?"
Innensenator Neubauer: "Nein!"

Notiz der Sonderkommission vom 14.12.71:

Die Namen der vom LfV (Landesamt für Verfassungsschutz, Anm. der Red.) eingesetzten Beamten sind hier nicht bekannt. Sie sollen an der Observation unbewaffnet teilgenommen haben.

DER TAGESSPIEGEL (18.12.71)

Was taten die Verfassungsschützer in der Eisenacher Straße?

Behörde weiß mehr, als sie sagt — Fragen an den Innensenator

3. Waren die Beamten des Verfassungsschutzes bewaffnet? Wenn ja, mit Waffen welchen Kalibers?

Zum Zeitpunkt des Schußwechsels hatten die vorgenannten Fahrzeuge folgende Standorte:

Kobold o4.... Kobold o5 ....

Kobold o6 in der Eisenacher Straße, in Höhe Einmündung der Fuggerstraße in die Eisenacher Straße, in Fahrtrichtung Kleiststraße;

VW 16oo (Ponton) Farbe beige Kennzeichen B-MH 816 (das Fahrzeug war zum Zeitpunkt des Schußwechsels mit den Observanten 13 und 19 besetzt, Sie haben während des Schußwechsels das Fahrzeug <u>nicht verlassen</u>).

<u>Zeuge Dorfi</u>: (pol. Vernehmung)

"... Nach der Schießerei bin ich wieder an das Wohnungsfenster gegangen und habe in Richtung Eisenacher/Fuggerstraße gesehen.Dort bemerkte ich, wie eine männliche Person leicht hinkend vorn rechts in den Pkw-Variant Farbe weiß, stieg und der Wagen gleich wegfuhr."

<u>Zeuge Zimmermann</u>: (pol. Vernehmung)

"... Weiterhin konnte ich, noch vom Balkon meiner Wohnung beobachten, daß eine weitere Person, die meines Erachtens auch verletzt war und um den sich gleich jemand gekümmert hatte in einen Pkw gezogen wurde. Ich sah dann zwei Fahrzeuge in Richtung Motzstraße davonfahren."

<u>Zeuge Pulver</u>: (pol. Vernehmung)

" ... hellen Pkw, ... der in der Eisenacher Straße gegenüber meinem Wohngrundstück vor dem dort befindlichen Kinderspielplatz rückwärts in eine Parklücke einzurangieren versuchte. Während dieses Vorgangs war die Schießerei noch im Gange. Noch bevor der letzte Schuß gefallen war, hatte der Fahrer des Wagens den Parkversuch unterbrochen und war aus seinem Fahrzeug ausgestiegen..... etwa zur gleichen Zeit trat ein weiteres Pkw ins Bild, der aus der Richtung Kleiststraße in schneller Fahrt in Richtung Motzstraße zurücksetzte."

Zeuge Pfeffer: (pol. Vernehmung)

"... Sekunden später erschien eine männliche Person in der Höhe der leblosen Person. Von wo er herkam, kann ich nicht sagen. Dieser Mann hatte in der rechten Hand eine Faustfeuerwaffe, ... Er schoss 4 bis 5 Mal; Die Mündungsblitze konnte ich deutlich erkennen. Er schoss von seinem Standpunkt aus gesehen schräg auf die gegenüberliegende Seite in Richtung des dortigen Schreibwarengeschäfts. Auf wen er schoss, konnte ich von meinem Standpunkt aus nicht sehen. Nachdem er mehrmals Deckung hinter den dort parkenden Autos genommen hatte, rannte er plötzlich in die Richtung, in die er vorher geschossen hatte."

Zeuge Pfeffer: (im Prozeß)

"ein Mann schoss - von Nr.3 auf Nr.122 zu laufend - 4 bis 5 Mal."

KHM Schulz: (pol. Vernehmung)

Ich bin mir natürlich nicht ganz sicher, ob während der Schießerei noch jemand außer den dreien und mir geschossen hat.

Kripo-Mann wurde mit 5 Pistolen beschossen

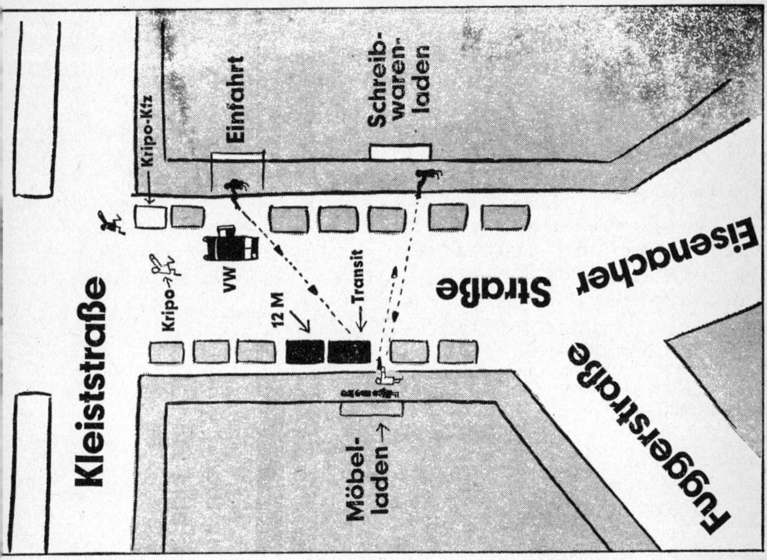

Samstag, 8. März 1975

Frankfurter Allgemeine
ZEITUNG FÜR DEUTSCHLAND

... der Staatsanwalt bei der Zeugenvernehmung nicht viele Fragen auf dem Herzen hatte und [redacted] ihn auch die Stoppschilder nicht irritieren, die den Prozeß umzingelten und dafür sorgten, daß der Verfassungsschutz aus der Recherche herausgehalten wurde und zwei Kronzeugen nicht vor Gericht zu erscheinen brauchten, nämlich die beiden Verfassungsschutzleute, die den Schußwechsel in der Eisenacher Straße aus nächster Nähe mitangesehen hatten.

SIBYLLE WIRSING

Polizeipräsident Hübner: (im Prozeß)

"Nach allen meinen Informationen - und ich glaube ich habe alle - sind sie (Beamte des Landesamtes für Verfassungsschutz, Anm. der Red.) nicht bewaffnet gewesen."

Staatsanwalt Weber: (Plädoyer)

"Verfassungsschutzbeamte, das sind Beamte, die man nicht verbrennen darf."

13. Februar 1975

Hier: Aussagegenehmigung für den Polizeipräsidenten Klaus Hübner

... die Aussagegenehmigung für die Frage 1., soweit sie über die Bezeichnung des Stichwortes hinausgeht, sowie für die Frage 2., soweit diese weitergeht als die Bestätigung eines gemeinsamen Einsatzes, wird gemäß § 27 Abs. 1 und 4 LBG VERSAGT, weil zu befürchten ist, daß eine Aussage hieruber die Erfüllung öffentlicher Aufgaben ernstlich gefährden, zumindest aber erheblich erschweren würde...

Berlin 62, den 18. Februar 1975
Rathaus

Der regierende Bürgermeister von Berlin
- Senatskanzlei -

Betr: Aussagegenehmigung für Herrn Senator Neubauer
- Senatsbeschluß Nr. 3476/75 vom 18.2.1975

Der Senat hat in seiner 184. Sitzung am 18. Februar 1975 folgendes beschlossen:

... zu Beweisthema Nr. 1 wird die Genehmigung zur Aussage VERWEIGERT, soweit sie über die Bezeichnung des im Beweisthema genannten Stichwortes hinausgeht; zum Beweisthema Nr. 2 wird die Genehmigung zur Aussage VERWEIGERT, soweit diese über die Bestätigung eines gemeinsamen Einsatzes hinausgehen würde...

4.2.75

hier: Aussagegenehmigung für

KHM Hans-Joachim Schulz
PHM Manfred Schiemann
KHM Helmut Schurat

... die Genehmigung erteilt, soweit danach gefragt wird, ob...
... versagt, weil zu befürchten ist, daß eine Aussage hierüber die Erfüllung öffentlicher Aufgaben ernstlich gefährden, zumindest aber erheblich erschweren würde.

12.2.75

hier: Aussagegenehmigung für

KHM Haase, PM Gotthold und PM Brattumil

... versagt, als sich die Vernehmung auf Wahrnehmung innerdienstlicher Fahndungsmaßnahmen erstreckt, weil zu befürchten ist, daß eine Aussage hierüber die Erfüllung öffentlicher Aufgaben ernstlich gefährden, zumindest aber erheblich erschweren würde.

Wagenb.: Der Polizeipräsident möchte eine umfassende Verurteilung von mir und hier dürfen nicht umfassende Fragen gestellt werden!

Richter.: Wenn wir die Fragen nicht einschränken, wird die Polizeibehörde keine umfassende Genehmigung geben. Es fördert die Sache, wenn Sie Herr Schily einen Fragekatalog zusammenstellen. Dann können wir einen Fragekomplex spezifizieren, damit ich umfassend eine Fragegenehmigung beantragen.

Schily: Wir haben ein sehr verstümmeltes Fragerecht!

Staatsanw.: (im Schlußplädoyer)
Das Fragerecht war nicht eingeschränkt, nur die Antworten waren eingeschränkt. Es sind doch nur ganz wenige Komplexe nicht beantwortet worden...

Der Berliner Polizeipräsident klagte, weil er sich beleidigt fühlte, bestimmte aber zugleich das Ausmaß der Ermittlung: denn zum Teil stehen noch nicht einmal mehr die Häuser an dem Ort, an dem Georg von Rauch erschossen wurde, d.h. die Verteidigung hatte nichts in der Hand als die Akten eben der Polizei. Und die vier Männer vom Verfassungsschutz, immerhin Tatzeugen, erhielten keine Aussagegenehmigung. Von der Polizei. Und die Polizisten erhielten Aussagebeschränkung. Von der Polizei. Von der Polizei, die zugleich Kläger war.
Anm.d.Red.

Helga Reidemeister/Peter Fischer: Sklavensprache im Staatsdienst

Aussagen von Polizeibeamten aus der Prozess-Mischrift.
a) Die Angst richtig zu lügen
b) Alles was Recht ist

Die Angst richtig zu lügen

das entsinne ich nicht
das erinnere ich nicht
soweit meine Erinnerung reicht nicht
das entzieht sich meiner Erinnerung
ich kann mich im einzelnen an nichts
besonderes erinnern

das ist sehr fraglich
das ist schwer zu sagen
das sagt mir im Moment nichts
ich kann dazu konkret nichts sagen
ich weiß nicht ob ich das sagen darf
darüber sage ich nichts,da muß ich Sie
Ihren Spekulationen überlassen

das könnte denkbar sein
davon könnte man ausgehn
das könnte ich nicht ausschließen
das könnte so gewesen sein

das ist wohl möglich
das könnte möglich sein
das würde ich für möglich halten
das weiß ich nicht,das kann aber sein,auf
jeden Fall halte ich es für möglich

das möchte ich annehmen
das möchte ich beinah voraussetzen
das möchte ich nicht ausschließen
das möchte ich nicht ohne weiteres behaupten
das möchte ich nicht bezweifeln
da möchte ich mich nicht festlegen
das möchte ich dahingestellt sein lassen

das wäre vorstellbar
das wäre dienstüblich
das wäre nichts Außergewöhnliches,läßt aber
nicht die Schlüße zu
das wären Mutmaßungen
das wäre sehr wahrscheinlich
auf jeden Fall wäre es normal gewesen

ich würde das nicht bezweifeln wollen
ich würde da keine Mutmaßungen anstellen
ich würde da keine Vergleiche treffen
ich würde da keine Widersprüche sehn
ich würde das nicht verneinen
da würde ich auch sagen nein
dann würde ich das mit ja beantworten

im allgemeinen ja,aber ob das im besondren-
so zu sagen ja
erfahrungsgemäß ja
im Regelfall ja

es bestanden ja gewisse Anordnungen über die
ich nicht sprechen darf
das gehört nicht zu meiner Aussagegenehmigung
meine Aussagegenehmigung geht nicht soweit

das unterliegt der Schweigepflicht
das fällt unter Schweigepflicht
das fällt unter Aussageverweigerung
das betrifft dienstliche Belange
das ist innerdienstlich
das sind innerpolitische Fahndungsmaßnahmen
das ist polizeiintern

b) <u>Alles was Recht ist</u>

Ich ließ sie Aufstellung nehmen. Dann war ich in der letzten Position, wenn ich mal so sagen darf. Ich habe gehört, Fahndung anarchistischer Truppen. Das war mein erster Eindruck von Tatsachen, die man sich dann zueigen macht. Ich bin ein durchschnittlicher Schütze, möchte ich sagen, durchschnittliches Ergebnis. Nahschußmerkmale sind Verbrennungen, Verschmauchungen. Es war über Funk gekommen, daß dort Einheiten hingeschickt wurden. Das wäre nichts Außergewöhnliches, läßt aber keine Schlüsse zu. Aus welcher Richtung die Geschosse kamen hat die Dienststelle keinen Wert gelegt.Ich weiß nicht meine Motivation des Vorgesetzten. Ich habe sozusagen nur den ersten Angriff gemacht. Ob es einen Kopf für die Sache gegeben hat weiß

ich nicht. Daraufhin eröffnete ich das Feuer, wie man so sagt, und schoß selbst. Detailliertes Wissen wird an subalterne Kriminalbeamte nicht weitergegeben. Ich habe mehrmals geschossen, von welcher Postition aus weiß ich nicht. Der Beamte soll zuerst ziehen, rechtzeitig, daß er dem Gegenüber zeigt, er ist bewaffnet und in Schießbereitschaft. Der Beamte soll so tief wie möglich in der Gesellschaft verankert sein. Eine Zielbewegung brauchte ich nicht zu machen, ich hatte meine Waffe schußbereit. Ich weiß nicht meine Motivation des Vorgesetzten. Ja, natürlich.
Wir haben uns in völliger Dunkelheit auf dieses Schallereignis konzentriert. o,4 Sekunden, das ist der Weltrekord wenn man eine Waffe zieht und abdrückt. Ich habe keine Schmaucheinsprengungen feststellen können. Das sind Meisterschüsse.Das ist Einsatzmethodik, darüber darf ich nichts sagen. Aus technischen Gründen war da nur ein Pfeifen. Das ist mir doch ganz egal, ob der tot ist oder lebt, die Feuerwehr kommt doch sowieso. Stichwörter werden gewechselt. Da gab es keine Widersprüche. Er hat die drei Personen an die Wand gestellt, er war allein. Ich würde da keine Vergleiche treffen, wann von der Regel abgewichen wird. Im Sommer lieber locker gehen mit der kleinen Pistole. Ja, so ist es gewesen, da sind wir zufällig, - eben gezielt hingefahren. Wir haben uns ins Auto gesetzt und sind spazierengefahren. Dienstlich habe ich davon nie erfahren. Nein, das ist die Sache nicht wert. Wir konnten an diesem Tag machen was wir wollten, einen speziellen Einsatz für diesen Tag gab es nicht. Dann sagte ich ihnen, keine Bewegung, sonst knallts. Das ist dienstkundlich üblich. Ich hatte das Gefühl, daß was passiert, daß was in der Luft liegt wie man so schön sagt. Ich habe keine Aussagegenehmigung über die Art des Einsatzes und die Mittel. So muß es gewesen sein. Ich schieße gewöhnlich in dieser Haltung. Ich weiß nicht den Namen meines Vorgesetzten. Diese Aktion wurde durch Aufrufe in der Presse eingeleitet. Ich weiß nichts davon, daß ich mit dem Polizeipräsidenten über die Sache gesprochen habe.Die Trageweise der Pistole war für diese Aktion besonders geregelt. Ja,natürlich. Eigensicherung geht vor, das ist ganz normal.

Klaus Stiller: Auf der Galerie

Wenn irgendein, auf dem Boden des Grundgesetzes stehender, verfassungstreuer Mitbürger in unserem Rechtsstaat frei und ohne Furcht vor Diskriminierung sein staatsbürgerliches Recht, einem öffentlichen Prozeß als Zuhörer beizuwohnen, in Anspruch nehmen könnte, unbehelligt in den Zuhörerraum gelangend, dort Platz nehmend, ohne vorher seine Identität vor Staatsdienern nachweisen zu müssen, und wenn jeder öffentliche Prozeß unter denselben allgemein gültigen Bedingungen der Demokratie stattfände, unbehindert von irgendwelchen, die Portale versperrenden, jeden Ankömmling unterschiedslos verdächtigenden Kontrollbeamten, die ohne spezielle Umschulung ebensogut als Lagerwärter einsetzbar wären -
vielleicht kehrte dieser Mitbürger dann nach einem Verhandlungstag strahlend in seine Mietwohnung zurück, die wartende Familie umarmend mit dem Ausruf: "Ja! das Gericht entscheidet frei, das Recht fürchtet sich nicht vor dem Volk, die Gesetze sind gerecht!"

Da es aber nicht so ist; zwei Dutzend Sicherheitsbeamte - mit und ohne Uniform - den Zugang der Zuhörer überwachen und kanalisieren, die am Prozeß interessierten Staatsbürger immer nur paarweise in die zum Kontrollraum umfunktionierte Vorhalle eintreten lassen; ein Zivilbeamter ohne Höflichkeitsformel befiehlt, die Inhalte sämtlicher Taschen auf dem eigens aufgestellten Tisch auszubereiten; ein zweiter nun übereifrig seine mehr als nackten Finger ausstreckt, den Prozeßinteressierten vom Hals über die Schultern, die Brust, den Rücken, Arme, Bauch und Beine zu betasten; zwei Kunststoff-Kugelschreiber findet und emsig nachprüft, ob die Schreibgeräte Waffen wären; und dann, mangels verdächtiger Gegenstände diese ganze, nicht zu rechtfertigende Prozedur dadurch zu legitimieren sucht, daß er einen schmalen Erzählungsband (Hans Frick "Henry") für die folgenden Stunden konfisziert; und auf die Frage des unbeteiligten Prozeßbesuchers,

weshalb das Buch abgenommen werden müsse, die schnelle Belehrung erteilt, während der Verhandlung dürfe im Gerichtssaal nicht gelesen werden; und die durchaus ernst gemeinte Ankündigung des ohne seine Einwilligung Betasteten, er würde diese Art der Behandlung an die Öffentlichkeit bringen, lächelnd mit der Bemerkung "Papier hamse ja mit!" quittiert; und der Zuschauer nun - unter dem Feixen der herumstehenden Staatsdiener - die Treppe zum Verhandlungssaal endlich emporsteigen darf, wo sich vor und hinter der Eingangstür blutjunge uniformierte Polizisten - gleichsam Anlernlinge - herumdrücken, bewaffnet und Sprechgeräte in Händen haltend; zum Eintritt in den Sitzungssaal eine Kontrollmarke abzugeben hat; Platz nimmt und bemerkt, daß hier - in Moabit, am Tag als der Polizeipräsident höchstpersönlich als Zeuge der Anklage auftritt - durchaus gestattet ist, während der Verhandlung zu lesen, für die Saalordner nämlich, die vor aller Augen Springers "BZ" studieren, als wäre diese Zeitung hier und heute der alleinseeligmachende Gesetzestext -
da dies so ist, legt der Prozeßbesucher sein Gesicht auf die Brüstung und - das nahtlos ineinander passende Frage-und-Antwort-Spiel zwischen vorsitzendem Richter und hohem Zeugen vernehmend, - beginnt er allmählich, an so verstandener Rechtspraxis zu zweifeln, ohne es zu wissen.

Otto Schily: Plädoyer

... Staatsanwalt Weber ist sich seiner Sache sicher und hat das Urteil bereits verkündet: Klaus Wagenbach wird bestraft, der Freispruch des Amtsgerichts wird aufgehoben. Freizusprechen, in den Urteilsgründen, ist die Polizei, die den Tod von Georg von Rauch zu verantworten hat.

Woher nimmt Staatsanwalt Weber die Sicherheit, daß dieser Prozeß zu dem von ihm gewünschten Ergebnis führen wird? Seine Zuversicht ist erklärlich, wenn man weiß, wie Strafverfolgungsbehörden und Gerichte entschieden haben in vergleichbaren Fällen, in denen darüber zu befinden war, ob sich ein Polizeibeamter, der einen Menschen getötet hatte, schuldig gemacht hat oder nicht. Es ist zur juristischen Gewohnheit der Strafverfolgungsbehörde geworden, den Polizeibeamten frei ausgehen zu lassen. Ich habe eine Liste mitgebracht, in der Fälle dieser Art zusammengestellt worden sind, aus der ich zitiere:

1. Im Juli 1972 fand in Duisburg ein 18jähriger Lehrling durch Polizeikugeln den Tod, als er vor einer Polizeistreife fliehen wollte, weil er mit dem Moped eine Haltelinie überfahren hatte. Der Polizist hatte geschossen, als der Mopedfahrer ein Schlüsselbund aus der Tasche zog, den der Beamte angeblich für eine Waffe hielt. Strafrechtliche Folgen für den Schützen: keine.

2. Am 5.2.73 erschoss ein Polizist in Hildesheim einen Lehrling, der trotz Lokalverbots sein Bier austrinken wollte, bevor er die Gastwirtschaft verließ. Strafrechtliche Folgen für den Schützen: keine.

3. Am 2.5.73 wurde in Eschwege ein 14jähriger Junge durch einen Feuerstoß aus einer Maschinenpistole getötet, ein zweiter wurde verletzt. Sie waren mit Freunden in einem Auto vor der Polizei geflüchtet, weil der Fahrer keinen Führerschein hatte. Strafrechtliche Folgen für den Polizeibeamten: keine.

4. Im Juli 1973 wurde Erich Dobhardt in Dortmund von Hauptkommissar Wolf Diehl erschossen. Dobhardt war auf der Flucht, weil er sich der Einweisung in ein geschlossenes Heim entziehen wollte. Diehl verfolgte ihn auf einem Bahnhofsgelände und schoß ihm in den Rücken. Als der Vater des Getöteten eine halbe Stunde vor der Beerdigung den Jungen noch einmal sehen durfte, was ihm bis dahin verweigert worden war, mußte er feststellen, daß seinem Sohn die eine Hälfte des Unterkiefers und fast alle Zähne fehlten und im Hals ein Einschuß zu erkennen war. Der Pullover, den der Junge getragen hatte, wurde ihm ausgehändigt, das Rükkenteil, das Beweis für die Zahl der Einschüsse hätte sein können, war herausgeschnitten. Obduktionsbefunde wurden nie veröffentlicht. Die Staatsanwaltschaft teilte mit, der Polizeibeamte habe sich dem Gesetz nach korrekt verhalten.

5. Im Zuge der RAF-Fahndung wurde am 1.3.73 in Tübingen der 17jährige Lehrling Richard Epple durch eine Maschinenpistolensalve getötet. Er hatte mit einem gestohlenen Wagen eine Polizeisperre durchfahren. Strafrechtliche Folgen für die Polizeibeamten: keine.

6. Ein LKW-Fahrer, der ebenfalls bei einer Polizeisperre nicht anhielt, weil er mit einem gestohlenen Fahrzeug fuhr, wurde, als er das Auto verlassen hatte und zu Fuß weiterflüchtete, von der Polizei erschossen. Strafrechtliche Folgen für die Polizei: keine.

7. Am 2.3.72 wurde in Augsburg Thomas Weisbekker, der ebenfalls unbewaffnet war, aus drei Meter Entfernung erschossen. Der Polizist behauptete, er habe geglaubt, Weisbekker habe eine Pistole in der Hand und er habe sich bedroht gefühlt. Dem Polizisten wurde Putativnotwehr zugebilligt, das Ermittlungsverfahren eingestellt.

8. In Putativnotwehr soll auch der Polizist Koglin gehandelt haben, der am 25.6.72, ebenfalls im Rahmen der RAF-Fahndung, den Schotten Dean McLeod in Stuttgart erschoß.

McLeod hatte auf das Klingeln der Polizei hin unbewaffnet und unbekleidet die Tür geöffnet und sie angesichts der elf zum Teil mit Maschinenpistolen bewaffneten Männer, die im Flur postiert waren, erschrocken wieder zugeschlagen. Daraufhin feuerte Koglin zweimal durch die geschlossene Tür und traf McLeod tödlich. Er erklärte: "Ich hatte den Eindruck, daß sich der Mann auf mich stürzen wollte."

Die Liste umfaßt bei weitem nicht alle Fälle polizeilicher Erschießungen, zumal oft sehr wenig oder überhaupt nicht oder nur aus Zufall über solche Vorkommnisse in der Presse berichtet wird.

Das Grundmuster aller dieser Fälle, in denen Menschen auf mörderische Weise zu Tode kamen, ist stets das gleiche:

1. Die Tötungshandlung resultiert aus einer aggressiven Einstellung der Polizeischützen durch entsprechende psychologische Vorbereitung mittels polizeiinterner Anweisungen und mittels gewisser Massenmedien. Die Methode der psychologischen Vorbereitung ist unter anderem dadurch gekennzeichnet, daß bei dem Polizeibeamten ein aggressives Potential geschaffen und diese mit einem bestimmten Feindbild - anarchistischer Gewalttäter und ähnliches - ausgerüstet werden.

2. Vor strafrechtlichen Konsequenzen bleiben die Todesschützen bewahrt, keiner wird gerichtlich zur Rechenschaft gezogen. Die Ermittlungen werden ungenau und schleppend geführt. Vorrang vor der vollständigen Aufklärung des Sachverhalts hat die Entlastung des Kollegen. Die Polizei ermittelt in eigener Sache. Juristisch bewältigt werden die Tötungshandlungen, um den Polizeibeamten vor Strafe zu schützen, entweder als Notwehr oder als vermeintliche Notwehr - Putativnotwehr. Der Getötete ist selbst schuld. Warum ist er weggerannt, warum hat er eine schnelle Bewegung gemacht?

In diese bizarre Logik läßt sich die Staatsanwaltschaft nicht hereinreden. Wenn einer, wie Klaus Wagenbach, den Mund auftut und meint, es sei nicht mit rechten Dingen zugegangen, wird er wegen Beleidigung und Verleumdung dingfest gemacht. Das Strafverfolgungsinteresse der Staatsanwaltschaft, das sich gegenüber einem Polizeibeamten, der einen Menschen erschossen hat, gewohnheitsmässig passiv verhält, wird lebendig, wenn die Polizei kritisiert wird, wenn sich jemand mit der offiziellen Version über den Hergang einer Erschießung nicht beruhigen will.

Im Mittelpunkt der Beweisaufnahme, die vor der Strafkammer durchgeführt worden ist, stand die Erschießung von Georg von Rauch. Staatsanwalt Weber hat sein Plädoyer so aufgebaut, daß er sich zunächst mit der Frage beschäftigt hat, was hat Klaus Wagenbach zur Erschießung von Georg von Rauch im "Roten Kalender 1972" geäußert, unter welchen rechtlichen Gesichtspunkten - Beleidigung, üble Nachrede oder Verleumdung - haben wir den Text im "Roten Kalender" zu untersuchen. Da die unterschiedliche Verwendungsweise des Wortes Mord diskutiert worden ist, hat sich Staatsanwalt Weber immerhin so weitergebildet, daß er anerkennt, das Wort Mord habe auch einen Sinngehalt im allgemeinen Sprachgebrauch, und da bedeutet es die Mißbilligung einer Tötung. Es handelt sich somit um eine literarisch-politische Kritik, um eine literarisch-politische Mißbilligung, unter Verwendung des Wortes "Mord". Daß das Wort "Mord" häufig in diesem Sinne verwendet wird, dafür ein Beispiel: Es gibt ein Buch "Die sanften Mörder", in dem die Gefahren der Atomkraftwerke beschrieben werden. Das Wort "Mörder" bzw. "Mord" wird hier als Mittel der politisch-ökonomischen Kritik benutzt. Das Wort "Mord" ist ein Werturteil oder, genauer gesagt, ein Unwerturteil.

Auch das Amtsgericht Hamburg hat in dem freisprechenden Urteil im Verfahren gegen Erich Fried die Kennzeichnung eines bestimmten Vorganges als Mord, als Werturteil verstanden. Zu dem gleichen Ergebnis ist das Amtsgericht Tiergarten in diesem Prozeß gelangt.

Demzufolge haben wir uns nur mit der Frage zu beschäftigen, ob durch die Verwendung des Wortes "Mord" zur Kennzeichnung der Umstände, unter denen Georg von Rauch umgekommen ist, geeignet ist, den Polizeibeamten Schulz zu beleidigen, und, wenn das der Fall sein sollte, ob sich Klaus Wagenbach gleichwohl auf die Wahrnehmung berechtigter Interessen und damit den Rechtfertigungsgrund nach § 193 des Strafgesetzbuches berufen kann.

Aber das Gericht hat zu erkennen gegeben, daß seine Überlegungen in die entgegengesetzte Richtung gehen, sonst wäre der Verhandlungsablauf ein anderer gewesen, so daß ich notgedrungen auf das eingehen muß, was die Beweisaufnahme zutage gefördert oder nicht zutage gefördert hat. Um das Ergebnis der Beweisaufnahme richtig beurteilen zu können, muß man die Bedingungen sehen, unter denen die Tatsachenerforschung stattgefunden hat. Bei Beginn und im Verlauf des gesamten Ermittlungsverfahrens sind zahlreiche und erhebliche Versäumnisse festzustellen. Ich bin sicher, ein unvoreingenommener Beamter der Mordkommission, der sich mit den Einzelheiten des Falles vertraut machte, würde anerkennen, daß die Ermittlungen völlig unzureichend waren. Es geht mir nicht darum, ob das Gelände besser hätte abgesperrt werden können, nicht darum, daß der Zeuge Jung gesagt hat, es seien keine ernsthaften Absperrungsmaßnahmen getroffen worden, auch nicht darum, ob es richtig war, die Leiche von Georg von Rauch so eilig abzutransportieren, ohne ihre Lage vorher genau zu fixieren, es geht mir auch nicht darum, etwa einzelne Ermittlungsbeamte zu kritisieren, die vielleicht in der Hektik des Augenblicks nicht sofort wußten, was am besten zu tun war, um alles das soll es mir nicht gehen, obwohl es Anlaß zu grossen Bedenken gibt. Aber was auffällt und was eine fatale Ähnlichkeit mit anderen Verfahren dieser Art aufweist, ist die Art und Weise, welche Behandlungsweise man dem Polizeibeamten Schulz, der Georg von Rauch erschossen hat, angedeihen ließ. Schulz hat sofort seine Rolle als Zeuge bekommen, damit wurde die erste, praktisch entscheidende Weiche im Ermittlungsverfahren gestellt, obwohl von Anfang an klar war, daß er für den Tod von

Georg von Rauch verantwortlich war. Schulz wird die Rolle des Zeugen zugeteilt, damit nehmen die Ermittlungsbehörden vom Beginn des Ermittlungsverfahrens an zu seinen Gunsten Partei, und zwar in einer Form, wenn man sich ein gewisses Maß an Wachsamkeit bewahrt hat, die den Wecker klingeln lassen muß. Schulz wird, als besondere Fürsorgemaßnahme, von einem Vorgesetzten vernommen, der mit den eigentlichen Ermittlungen überhaupt nichts zu-tun hat. Um den Zweck der Vernehmung von Schulz, - Bereinigung von Widersprüchen - nicht zu gefährden, wurden ihm offensichtlich die übrigen Ermittlungsakten zugänglich gemacht. Die Rollenzuweisung, Schulz als Zeuge, hält die Staatsanwaltschaft für das gesamte Ermittlungsverfahren aufrecht, sogar nach dem Zeitpunkt, als Strafanzeige gegen Schulz erstattet worden war. Es wurde nicht einmal der Versuch gemacht, Schulz als Beschuldigten zu vernehmen. Das hat Methode, daran können Sie das, was ich sage, nachvollziehen, daß die Ermittlungen schon eine deutliche Zielrichtung haben; Ermittlungen von entlastenden Tatsachen zugunsten von Schulz. Der Beschuldigte bleibt Zeuge, damit gewinnt seine eigene Darstellung für seine Entlastung einen grösseren Wert, und Genauigkeit und Umfang der übrigen Ermittlungen sind auf Entlastung der Polizei programmiert. Was nicht in das Bild hineinpaßt, wird von den Polizeibeamten in den Akten nach Möglichkeit nicht vermerkt. An einem kleinen Detail aus den Ermittlungen läßt sich das illustrieren: In einem Bericht über Hausermittlungen schreibt ein Polizeibeamter, er habe von der Vernehmung eines gewissen Zeugen abgesehen, weil er von Nachbarn erfahren habe, daß der Zeuge polizeifeindlich eingestellt sei. Vermutungen eines Nachbarn über die polizeifeindliche Einstellung eines Zeugen reichen somit allein dazu aus, daß der Zeuge erst gar nicht vernommen wird. Wohlgemerkt: Es war offenbar ein naiver Beamter, der den Vermerk verfaßt hat und aufschreibt, daß er Zeugen nur vernimmt, wenn sie nicht polizeifeindlich eingestellt sind. Andere Beamte verhalten sich im Zweifel genauso, nur ist das dann allenfalls zwischen den Zeilen zu lesen.

Das Ermittlungsinteresse der Polizei ist, wenn durch die Ermittlungen ein Kollege betroffen ist, durch die "Kollegialität" mit diesem bestimmt. Diese "Kollegialität" der Ermittlungsbehörden ist auch dem Polizeibeamten Schulz und der Polizeiführung im Falle der Erschießung von Georg von Rauch zugute gekommen.

Auf der Grundlage der unzureichenden einseitigen Ermittlungen der Polizei in eigener Sache ist die Beweisaufnahme vor der Strafkammer durchgeführt worden.

Nicht nur diese Einseitigkeit der polizeilichen Ermittlungen benachteiligt den Angeklagten, sondern auch die Beschränkungen, die ihm in der Beweisaufnahme vor der Strafkammer auferlegt waren. Daß für diesen Prozeß die Kostenfrage eine keineswegs untergeordnete Bedeutung hat, ist von der Staatsanwaltschaft anerkannt worden. Die Kostenfrage wirkt sich so aus:

Der Angeklagte muß sich bei jedem Beweisantrag überlegen, was das kostet, während der Staatsanwalt das Verfahren auf Kosten des Steuerzahlers weiterführen kann, solange er will. Die Möglichkeiten des Angeklagten, eine vollständige Aufklärung des Sachverhalts durchzusetzen, sind daher durch die ihm zur Verfügung stehenden finanziellen Mittel begrenzt. Einem zweiten Handikap war Klaus Wagenbach ferner dadurch unterworfen, daß ihm eine Einflußnahme oder Kontrolle der Ermittlungen versagt war, daß Beweismittel im Ermittlungsverfahren nicht gesichert werden konnten, daß der erhebliche zeitliche Abstand zwischen dem Zeitpunkt der Erschießung von Georg von Rauch und der Beweisaufnahme vor der Strafkammer die Aufklärung des Sachverhalts erschwert.

Nicht genug damit, um zudringliche Fragen der Verteidigung abzuwehren, hatten die Polizeibeamten für wichtige Einzelheiten der Ereignisse ein Aussageverbot, das nur von Fall zu Fall durch ratenweise Erteilung partieller Aussagegenehmigungen aufgelockert wurde. Der Verteidigung wurde zugemutet, Kataloge von Fragen auszuarbeiten, für die der Gerichtsvorsitzende dann die Aussagegenehmigung seitens der

Dienstvorgesetzten der Polizeibeamten eingeholt hat. Über die Zulassung bestimmter Fragen entschied damit praktisch nicht mehr der Gerichtsvorsitzende, sondern der Dienstvorgesetzte des beteiligten Polizeibeamten. Die Unmittelbarkeit der Beweisaufnahme, die ein wesentliches rechtsstaatliche Prinzip innerhalb des Strafverfahrensrechts ist, wurde damit ausser Kraft gesetzt, da sicherlich nicht unwichtig ist, ob die Zeugen vorher wissen, auf welche Fragen sie zu antworten haben.

Es wurden nicht nur die Fragen seitens der Polizeiführung, die in diesem Verfahren unmittelbar Partei ist, zensiert, sondern der Innensenator, zu dessen Verantwortungsbereich auch die Polizei gehört, hat eine Entscheidung getroffen, die eigentlich die Beweisaufnahme in ihrer Gesamtheit entwertet: Es werden den Verfahrensbeteiligten zwei unmittelbare Tatzeugen - zwei Beamte des Landesamtes für Verfassungsschutz - vorenthalten. Die Staatsanwaltschaft sagt dazu, die Zeugen sollten nicht "verbrannt", das heißt nicht "enttarnt" werden. Aber immerhin hat eine solche "Verbrennung" hier im Hause stattgefunden, das sollte Ihnen zu Denken geben, wann solche Zeugen verbrannt werden und wann nicht; und zwar war das der Zeuge Urbach, Mitarbeiter des Landesamtes für Verfassungsschutz. Er wurde während einer laufenden Hauptverhandlung, als die Sache für die Staatsanwaltschaft schlecht stand, "verbrannt". Denn die Staatsanwaltschaft kann im politischen Prozeß keinen Freispruch hinnehmen. Wenn es darum geht, eine vermeintliche Belastung des Angeklagten beizubringen, darf der Zeuge verbrannt werden. Wenn es um eine sichere Entlastung geht, dann dürfen Zeugen nicht verbrannt werden. Da können Sie sehen, wie es mit dem Gleichgewicht von Entlastung und Belastung bei solchen Verfahren beschaffen ist. Man kann das auf eine kurze Formel bringen: Einerseits soll Klaus Wagenbach beweisen, was gewesen ist, andererseits verhindert man den Beweis. Wenn Zeugen aus Gründen der Staatsräson nicht zur Verfügung stehen, wäre es das mindeste, das Verfahren gegen Klaus Wagenbach einzustellen, denn es darf nicht zu seinen Lasten gehen, daß zwei unmittelbare Tatzeugen aus Gründen, die mit diesem Verfahren nicht im Zusammenhang stehen, nicht befragt werden können.

Innerhalb dieser von der Polizei und der Staatsanwaltschaft aufgestellten Einzäunungen hat die Wahrheit gesucht werden müssen. Die Mühen der Staatsanwaltschaft und der Polizei waren umsonst. Es ist nicht gelungen, alle Widersprüche in der Darstellung des Geschehensablaufes seitens der Polizei zu übertünchen, weil es unabhängige neutrale Zeugen gibt, wie Frau Witt und einige andere.

Es muß zu denken geben, ob wir es mit perfekt glaubwürdigen Zeugen zu tun haben, die rückhaltlos gesagt haben, was sie wissen. Daß schon bei ganz geringfügigen Details mitunter bewußt die Unwahrheit gesagt worden ist, zeigt das Beispiel des Zeugen Brattumil. Die Frage, ob er mit dem Zeugen Gotthold in der Zwischenzeit gesprochen habe, hat er verneint. Auch nach weiteren Fragen der Verteidigung blieb er dabei, erst auf die pädagogischen Vorhaltungen des Vorsitzenden Richters hin entschloß er sich, seine Aussage zu berichtigen. Wenn schon bei solchen unwesentlichen Details ein Meineid geschworen wird, mit welcher Bereitschaft zu Unwahrheiten muß man dann erst bei Fakten rechnen, die an die Substanz gehen, die die Existenz von Schulz vernichten können..............

Im Namen des Volkes

Aus der schriftlichen Urteilsbegründung:

Von besonderer Bedeutung für den Ausgang des Verfahrens ist es sodann gewesen, in welcher Situation und zu welchem Zeitpunkt in der Eisenacher Straße der erste Schuß gefallen ist. Der Angeklagte meint, die Beweisaufnahme habe gezeigt, daß jemand auf von Rauch einen einzelnen Schuß abgegeben habe, als dieser und die beiden anderen Festgenommenen noch mit erhobenen Händen an der Hauswand gestanden hätten. Erst einige Sekunden später sei es dann zu dem Schußwechsel mit dem Zeugen Schulz und den Begleitern von Rauchs gekommen. Das ist falsch. Es steht vielmehr zur Überzeugung der Kammer fest, daß in der Eisenacher Straße erst in dem Augenblick geschossen worden ist, als sich die drei Festgenommenen mit einer Wendung fast gleichzeitig zu dem Zeugen Schulz umgedreht haben.

Richtig ist allerdings, daß die Zeugin W. bekundet hat, sie habe zunächst einen einzelnen Schuß gehört und dann gesehen, daß einer der Männer, der zuvor mit den anderen beiden an der Hauswand gestanden habe, am Boden gelegen habe. Erst einige Sekunden später seien weitere Schüsse gefallen. Bei der Würdigung dieser Aussage hat die Kammer aber nicht übersehen können, daß die Angaben der Zeugin zu den entscheidenden Fragen im Laufe des Verfahrens gewechselt haben. So hat sie bei ihrer polizeilichen Vernehmung am 5. Dezember 1971 erklärt, nach dem ersten Schuß hätten die beiden anderen Festgenommenen noch etwa fünf bis zehn Sekunden mit erhobenen Händen an der Wand gestanden, während sie der Zivilist hinter ihnen weiter mit der Pistole bedroht habe. Erst nach den folgenden Schüssen habe sich die Gruppe aufgelöst. Schon in ihrer richterlichen Vernehmung am 11. Februar 1972 hat die Zeugin ihre Aussage zu diesem Teil des Geschehens weitgehend modifiziert. In der Hauptverhandlung hat sie schließlich erklärt, der Zivilist mit der Pistole sei, bevor der erste Schuß gefallen sei, aus ihrem Blickwinkel bereits so

weit herausgetreten, daß sie ihn nicht mehr wahrgenommen habe. Es treffe auch nicht zu, daß die Festgenommenen nach dem ersten Schuß noch mehrere Sekunden lang mit erhobenen Händen an der Wand stehengeblieben seien. Sie könne sich ihre diesbezüglichen Angaben in ihrer ersten Vernehmung selbst nicht erklären.
Auch wenn man berücksichtigt, daß seit den damaligen Ereignissen mehr als drei Jahre vergangen sind, lassen diese Widersprüche in den einzelnen Aussagen doch gewisse Zweifel an der Fähigkeit der Zeugin aufkommen, unter den seinerzeit in der Eisenacher Straße herrschenden Verhältnissen klare Wahrnehmungen zu machen. Diese Zweifel werden dadurch verstärkt, daß kein anderer Zeuge über einen einzelnen Schuß berichtet hat. Besonders wichtig sind dabei die Aussagen der Zeugen Hübner und Evers, die sich in den entscheidenden Sekunden in unmittelbarer Nähe des Geschehens aufgehalten und den Fortgang der Ereignisse bewußt und aufmerksam verfolgt haben. Diesen Zeugen hätte es nach Meinung der Kammer keinesfalls entgehen können, wenn zunächst ein einzelner Schuß gefallen und einer der Festgenommenen daraufhin zu Boden gestürzt wäre. Beide Zeugen haben aber bekundet, daß bei Beginn der Schießerei mehrere Schüsse fast gleichzeitig abgegeben worden seien, und zwar in dem Augenblick, als Bewegung in die Gruppe der Festgenommenen gekommen sei.

Zeuge 'Gemüsehändler' Hübner 1. pol.Vern. vom 4.12.71:
"Hierauf tastete er den rechts an der Wand stehenden Mann ab. In diesem Moment fiel auch schon ein Schuß. (s.S. "Die Ausräumung der Widersprüche", Version 14.2.72)

Berlin, den 4.12.71

Zeuge Evers:

"Er klopfte ihn von oben bis unten ab. Ich sah nun noch konzentriert auf den Polizisten und auf den Mann, der durchsucht wurde, als plötzlich Bewegung in die gesamte Gruppe kam. Es fielen nun ca. 2o Schüsse.

Pol. Vernehmung 12.1.72
"Ich kann nicht sagen, ob die Gruppe in Bewegung kam, bevor oder nachdem der erste oder die ersten Schüsse fielen - also gleichzeitig - löste sich nach meiner Erinnerung die Gruppe auf."

(Die 'Widersprüche' bei Zeugin W. werden anders gewertet als die 'Widersprüche' der Zeugen Evers und Hübner. Anm.d.Red.)

Aus der Urteilsbegründung:

Die Feststellungen der Kammer darüber, wann, wie und unter welchen Umständen die ersten Schüsse gefallen sind, beruhen insbesondere auf den Bekundungen des Sachverständigen Dr.Habersbrunner sowie der Zeugen Hübner und Evers. Die beiden letztgenannten Zeugen haben berichtet, wie die drei Festgenommenen unruhig wurden und sich schließlich gleichzeitig dem Zeugen Schulz zuwandten. Nähere Angaben zu der Frage, wie die Schießerei begann, haben sie allerdings nicht machen können.

Staatsanwalt Weber: (aus dem Plädoyer)

"Die Aussage von Schulz 'er hat mitten auf der Fahrbahn gestanden', ist falsch. Warum der Zeuge falsch ausgesagt hat, weiß ich nicht... aus welchen Gründen immer... aus 1 - 2 m ist der Schuß abgegeben worden."

Verteidiger Schily: (aus dem Plädoyer)

Die Gründe, die Schulz zu seiner falschen Darstellung bewogen haben könnten, haben Staatsanwalt Weber nicht interessiert. Warum will Herr Schulz eigentlich partout vom Bürgersteig weg? Es ist für ihn kein Nebenpunkt. Er behauptet mit absoluter Sicherheit, er stehe auf der Mitte der Fahrbahn, als der Schußwechsel beginnt. Schulz will weg von dem zeitlichen Zusammenhang zwischen Durchsuchung und tödlichem Schuß. Exakt diese Behauptungen, die auch nach Meinung der Staatsanwaltschaft falsch sind, bekräftigt Schulz mit absoluter Sicherheit. Warum bleibt Schulz bei seiner falschen Darstellung? Weil er weiß, daß die Schilderung von Zeugin W. richtig ist. Nach der Schilderung von Zeugin W. steht Schulz in unmittelbarer Nähe der drei Personen, die mit erhobenen Händen an der Hauswand postiert sind, dann wird ein Schuß abgegeben, daraufhin fällt einer der drei an der Hauswand stehenden Personen zu Boden und erst dann kommt es zur Abgabe weiterer Schüsse.

Richter Seidel: (aus der mündlichen Urteilsbegründung)

"Die Aussagen, die der Zeuge Schulz jetzt leicht abgeschwächt... damals in Folge der Aufregungen... das kann nicht geklärt werden, darauf kommt es auch nicht an, sondern auf objektive Untersuchungen, wie sie der Sachverständige Habersbrunner gegeben hat."

Verteidiger Schily: (aus dem Plädoyer)

Wir haben nicht in allen Einzelheiten aufklären können, wo und mit welchem Auftrag die einzelnen Polizeifahrzeuge unterwegs waren, welche Anweisungen erteilt worden sind, welche Beobachtungen die Polizeibeamten gemacht haben. Die Tonbänder über die über Funk geführten Telefongespräche standen nicht zur Verfügung. In das Dunkel aller Begleitumstände ist nur sehr wenig hineingeleuchtet worden. Aber aus den Aussagen eines Zeugen, des Begleiters des Polizeibeamten Schulz, Herrn Schiemann, konnten doch einige neue überraschende Erkenntnisse gewonnen werden.

Dorfi: (im Prozeß)
"Der Mann mit der Maschinenpistole versuchte eine Ladehemmung zu beseitigen."

Schiemann: (pol. Vernehmung)
"... Die MP hatte ich während dieser Zeit im Hüftanschlag... Ich konnte zu diesem Zeitpunkt nicht von der Schußwaffe Gebrauch machen, ohne Passanten zu gefährden."

Schily: (im Prozeß)
"Herr Schiemann, haben Sie nicht vielleicht doch eine Ladehemmung gehabt?"

Schiemann:
"Aber Herr Schily, ich belüge Sie doch nicht!"

Schiemann: (pol. Vernehmung)
"Außer dieser mit 9 mm Munition geladenen MP trug ich noch eine Pistole mit Kal. 7,65 mm im Schulterhalfter."

Schiemann: (im Prozeß)
"Im Schulterhalfter hatte ich eine P 1 (Kal. 9 mm)"

Staatsanwalt Weber:
"1972 hatten Sie ein anderes Kaliber genannt."

Schily:
"Ist Ihre Waffe denn untersucht worden?"

Schiemann:
"Ob meine Pistole untersucht wurde, kann ich nicht sagen, die ist mir nicht abgenommen worden."

Pol. Präs. Hübner:
"Warum die Waffe nicht untersucht wurde, kann ich im Moment nicht erhellen, auf diese Frage bin ich nicht vorbereitet."

Urteilsbegründung S. 19 und S. 32

Schließlich entdeckte man an der Stelle, wo Georg von Rauch gelegen hatte, ein stark deformiertes Projektil vom Kaliber 9 mm, das aber nicht mit dem tödlichen Geschoß identisch war.

....

Nicht gelungen ist es der Kammer allerdings festzustellen, wie die 9-mm-Hülse, die nach den Untersuchungen des Bundeskriminalamtes wahrscheinlich aus einer Pistole P 1 abgeschossen worden ist, auf den Bürgersteig vor das Grundstück Eisenacher Straße 122 gekommen ist. Spekulationen darüber führen aber auch nicht weiter.

Schiemann: (im Prozeß)
"Nachdem ich den Flüchtenden (Brockmann) aus dem Auge verlor, war für mich das Geschehen beendet und ich begab mich zur Gothaer Straße aufs Revier." (Polizei-Revier. Anm.d.Red.)

Frenz:
"Das möchte ich behaupten, daß Herr Schiemann in die Eisenacher Straße zurückgekommen ist." (Tatort. Anm.d.Red.)

Schily:
"Haben Sie mit Herrn Schiemann am Tatort gesprochen?"

PP Hübner:
"Ich meine mich zu erinnern, daß ich am Abend in der Eisenacher Straße mit Schiemann gesprochen habe."

Schily:
"Herr Schiemann will nicht in die Eisenacher Straße zurückgekommen sein, sondern zur Gothaer Straße gegangen sein."

PP Hübner:
"Ich will mich korrigieren, es kann sein, daß es in der Gothaer Straße gewesen ist, auch wenn meine Erinnerung Eisenacher Straße war."

Schily: (aus den Plädoyer)
Schiemann hat, was die Staatsanwaltschaft in nicht unerhebliche Unruhe versetzt hat, zugegeben, daß er mit einer Pistole des Kalibers

9 mm ausgerüstet war. Ausgerechnet diese Pistole ist seinerzeit waffentechnisch nicht untersucht worden. In der Aussage von Schiemann tauchen weitere Merkwürdigkeiten auf. Schiemann verfolgt eine Person, die aus dem VW Variant ausgestiegen war, es handelt sich um den Zeugen Brockmann. Brockmann flüchtete in Richtung Nollendorfplatz/Ecke Maaßenstraße. Er wird von Schiemann verfolgt, der ihn aus dem Auge verliert und angeblich nicht zur Eisenacher Straße zurückkehrt. Schiemann wird von mehreren Zeugen später am Tatort gesehen, auch nach Vorhalt dieser Aussagen leugnet er standhaft die Rückkehr. Ich frage mich, warum leugnet er. Es wäre das Nächstliegende gewesen, daß er zur Eisenacher Straße zurückkehrt, da war sein Auto, da war sein Kollege und es war auch nur eine kurze Strecke vom Nollendorfplatz zur Eisenacher Straße. Schiemann konnte nicht erklären, warum er <u>nicht</u> zur Eisenacher Straße zurückgegangen ist. Die Polizeibeamten, die er angeblich am Nollendorfplatz getroffen haben will, sind nicht zu ermitteln. Schiemann hat offenbar nicht die vollständige Wahrheit gesagt...

<u>Richter Seidel</u>: (mündliche Urteilsbegründung) "Die Vermutung der Verteidigung, Schiemann sei zurückgekommen, in Schulzens Deckung wurden 9 mm Hülsen gefunden, Schiemanns Waffe wurde nicht untersucht... wenn man mal unterstellt, er sei zurückgekommen, kann daraus geschlossen werden, er habe zuerst geschossen?... Wäre Schiemann derjenige gewesen, der geschossen hat, aus der Richtung aus der er kam (Schußrichtung Schulz, 3 Verdächtige an der Wand) hätte er, wenn er auf die 3 gezielt hätte, Schulz treffen können, also ob er nun zurückgekommen ist oder nicht, ist für diesen Fall unerheblich."

<u>Dagegen die schriftliche Urteilsbegründung S. 11</u>:
Der Zeuge Schiemann blieb zunächst noch in der Nähe, weil er hoffte, den Gesuchten wieder zu Gesicht zu bekommen. Ob er dann anschließend in die Eisenacher Straße zurückkehrte oder gleich zur Kriminalpolizeidirektion in der Gothaer Straße fuhr, ist ungeklärt geblieben.

Klaus Wagenbach: Schlußwort

Auch dieser Prozeß wurde ja nicht etwa angestrengt, um eine Sache zu klären, sondern zur Pflege der öffentlichen resp. veröffentlichten Meinung. Und deswegen möchte ich bei dieser Sache - nämlich bei der Freiheit und Notwendigkeit der Kritik - bleiben und, um auch beim Wort zu bleiben, aus meinem Herzen keine Mördergrube machen.

Ich möchte meine Überlegungen auf zwei Fragen konzentrieren: Erstens auf die Art der Verhandlungsführung und ihre Gründe; zweitens auf die Lügen der Polizei und ihre Gründe.

Zur Verhandlungsführung. Ich habe zu Beginn des Prozesses (wie bereits in der ersten Instanz) kurz erörtert, was sich mit dem Wort Mord verbindet und in welchen Zusammenhängen es gebraucht wird: Selbstmord, Akkord ist Mord, Justizmord, Mord auf der Straße, Völkermord. Ich habe darauf hingewiesen, daß gerade der Begriff "Mord" nicht auf die juristische Definition eingeschränkt werden kann.

Ich habe dann auch gefragt, wie denn anders wir die Ermordung von Benno Ohnesorg und Georg von Rauch hätten bezeichnen sollen, ob wir hätten schreiben sollen "von hinten erschossen" oder " aus Versehen umgebracht" oder "nervös getötet"? Ich habe auf diese Frage die Antwort erhalten, daß unterschieden werden müsse zwischen Mord und Totschlag. Das heißt: man hat mir gleich zu Beginn des Prozesses zu verstehen gegeben, daß man wie ein Kolonialist mit mir umzugehen wünscht. Nicht anders haben sich die Spanier in Mexiko verhalten - sie haben ihre Sprache, ihre Begriffe einfach mit Gewalt durchgesetzt.

Sie, Herr Dr.Seidel, können sich offenbar nicht vorstellen, daß es außerhalb von Gerichtsgebäuden niemandem einfällt, von einem "Totschlag" zu sprechen. Ich will ja gerne einsehen, daß es notwendig ist, feste juristische Begriffe zu haben, es ist aber nicht möglich, sie dort einzusetzen, wo das Wort sehr viel älter ist als seine juristische Einengung.

Und das ist bei dem Wort "Mord" eklatant der Fall, eben, wie ich es erwähnte, bis zurück zum Germanischen, wo es "verheimlichter Tot-

schlag" heißt - so die Definition des Ethymologischen Wörterbuchs von Kluge/Goetze, dessen gesamte Darstellung der Wortgeschichte geradezu ein Musterbeispiel für die Vielwertigkeit solcher Grundvokabeln ist.
Herrschaft heißt nun, wie ich es nannte, Begriffsimperialismus: Wer die Macht hat, der bestimmt, was Begriffe bedeuten und was nicht. Wie Worte zu definieren sind und wie nicht, wo sie anfangen und aufhören. Herrschaft läßt nicht mit sich diskutieren. Auch das haben Sie mir klargemacht.Nur, wie gesagt, ist das Herrschaftsausübung und kein demokratisches Verfahren. Sie wollen und wollten nicht über den Begriff "Mord" diskutieren, weil dieser Begriff - für Sie - feststeht und also auch das Urteil.

Es kann deswegen nicht verwundern, warum Sie Herr Dr.Seidel, mich nie gefragt haben, was wir uns denn wohl dabei gedacht haben, als wir von Benno Ohnesorg geschrieben haben, er sei "ermordet" worden und zugleich den "Freispruch" erwähnten. Sie haben mich auch nie gefragt, wie ich den Begriff "Mord" verstehe. Wie werten Sie denn dann die Seite 1 des Kalenders, wo vom "Mord" an Richard Epple die Rede ist? Und warum hat denn der Augsburger Polizeipräsident keine Anklage gegen mich erhoben, obwohl auf Seite 95/96 vom "Mord" an Thomas Weißbecker die Rede ist? Warum klagt der Stuttgarter Polizeipräsident nicht, obwohl auf Seite 44 vom "Mord" an Mc Leod die Rede ist? Aus all dem ergibt sich doch ziemlich deutlich, wie und in welchem Zusammenhang wir, kritisch, den Begriff "Mord" verwenden. Und die betreffenden Polizeipräsidenten haben das auch durchaus begriffen und uns nicht verklagt. Nur der Berliner Polizeipräsident will Sonderrechte und erhofft sich - nachdem er bei der Klage gegen Erich Fried in Hamburg gescheitert ist - in Berlin eine, drücken wir's höflich aus:wohlgesonnere Justiz. Und das nicht zu Unrecht.
Denn Ihre Verhandlungsführung, Herr Dr.Seidel, richtete sich während des ganzen Prozesses nicht ein einziges Mal darauf, für mich Entlastendes zu erörtern. Unsere Definition des Begriffes "Mord" interessierte Sie nicht. Der Zusammenhang zwischen der Ermordung von Thomas

Weißbecker und der von Georg von Rauch, den wir durch einen zweispaltigen Nebeneinanderdruck hergestellt hatten, interessierte Sie nicht - erst auf mein ausdrückliches Verlangen wurde der Text vollständig vorgelesen. Und selbstverständlich interessierte Sie auch nicht, daß der Kalender im Mai 1972 in Satz ging, als also die Ermittlungen nicht einmal abgeschlossen waren, sodaß - und das zeigt ja auch unser Text ganz deutlich - von einem andern Wissensstand ausgegangen werden muß.
Wie war aber der Wissensstand?
Damit sind wir bei den Lügen der Polizei. Und zwar nicht bei den seinerzeitigen, sondern auch bei den in diesem Verfahren.
Es war ja doch sehr eigenartig, daß hier förmlich Dutzende von Polizisten leugneten, jemals etwas vom Stichwort "Trabrennen" gehört zu haben, bis auf einen.Und Herrn Neubauer. Daß Dutzende von Polizisten angeblich nichts von besonderen Anweisungen wußten, bis auf einen. Und Herrn Hübner. Daß hier Polizisten aus dem Saal gingen und von ihren Kollegen gefragt wurden, ob sie noch ihren Vornamen wüßten.Daß Polizisten sogar den Namen ihrer Vorgesetzten vergessen hatten.
Warum? Der Hauptgrund war, daß - im Gegensatz zum heutigen Schweigen - die Polizei damals, einen Tag vor der Erschießung von Georg von Rauch, außerordentlich gesprächig war und eben jene Anheizung der öffentlichen Meinung mitbetrieb, die sie heute leugnet oder verdrängt.In einer Pressekonferenz vom 3.12. erklärte Hauptkomissar <u>Deter</u> (laut '<u>Tagesspiegel</u>' vom 4.12.): "Wir haben es hier mit einer gefährlichen kriminellen Bande zu tun, deren Mitglieder rücksichtslos von der Schußwaffe Gebrauch machen." Es laufe bereits eine "Großfahndung, an der die gesamte West-Berliner Polizei beteiligt ist". Außerdem wurden der Presse Fotos von zehn Personen übergeben, die zum "harten Kern der Baader-Meinhof-Bande gehören"; Einer dieser zehn war Georg von Rauch. Am 4.12., also am Tag der Ermordung von Georg von Rauch, erschienen die Fotos in allen Westberliner Zeitungen, mit je nach Couleur entsprechenden Kommentaren, bis hin zu den beiden BZ-Schlagzeilen: "Seit gestern 14 Uhr Großfahndung. Bei der Polizei glühten die Drähte." Und <u>diese</u> Zeitungen, <u>diese</u> Schlagzeilen, <u>diese</u>

Warnungen vor dem rücksichtslosen Schußwaffengebrauch sollen plötzlich am Nachmittag desselben Tages vergessen gewesen sein, bei beteiligten und unbeteiligten Polizisten?

Und dann fing die lange Reihe der Polizeiversionen an.
Die erste, laut 'Tagesspiegel' vom 5.12., lautete: "Als der eine Beamte sich plötzlich allein sah, trat er zurück. In diesem Augenblick fielen nach seinen Angaben die ersten Schüsse. Einer der drei, und zwar Georg von Rauch, den er trotz rot gefärbter Haare erkannt hatte, brach zusammen. Der Beamte erwiderte das Feuer. Die Schüsse sind nach seinen Angaben und auch nach den Ermittlungen der Kriminalpolizei von beiden Straßenseiten abgefeuert worden."
Wie kommt es, daß Herr Schulz seinerzeit Georg von Rauch erkannte und seitdem nicht mehr? Und warum ist damals noch von beiden Straßenseiten gefeuert worden und warum später nicht mehr? Wer hat noch geschossen?

Am 18.12. hieß es im 'Tagesspiegel': "Vierzehn Tage nach dem Tode Georg von Rauchs kann weder von der Berliner Polizei noch von der Staatsanwaltschaft Klärendes zu dem Zwischenfall gesagt werden." Und am selben Tag, laut "Abend", lehnte Polizeipräsident Hübner es ab, "Einzelheiten" bekanntzugeben, "insbesondere, ob die Verfassungsschützer bewaffnet waren". Erst waren ja, bekanntlich, überhaupt keine Verfassungsschützer am Ort, dann waren doch welche am Ort, ob bewaffnet, war offenbar noch nicht ganz gewiß, inzwischen steht es fest, angeblich, sie waren da und "sollen" - so die dienstliche Notiz der Polizei - "unbewaffnet gewesen sein".
Aber es waren ja auch zuerst keine Beamten der Sicherungsgruppe Bonn, bekanntlich bewaffnet, in Berlin. Laut 'BZ' vom 8.1.75, war aber schon damals ".... festgestellt worden, daß entgegen öffentlicher Erklärungen des Polizeipräsidenten und des Innensenators vom 2. bis 4. Dezember doch ein Mitglied der Sicherungsgruppe Bonn in Berlin gewesen" ist.
Am 22.12. heißt es im "Abend": "Verwunderlich ist auch die Tatsache, daß die Wunden des bei der Schießerei verletzten Polizisten bereits wieder verheilt sind und es aus diesem Grund

zweifelhaft sei, jemals zu erfahren, welche Kugel aus welcher Waffe sie verursachte. Man erinnert sich: dieser Beamte war laut Angaben der Kripo erst nach drei Tagen vernehmungsfähig gewesen... die schwere Verletzung habe eine Schonfrist verlangt..." Dabei vergaß der Jounalist des "Abend" noch zu erwähnen, daß dieser 'schwerverletzte' Beamte bereits nach 5 Tagen aus dem Krankenhaus entlassen worden war...
Diese ironischen Kommentare der Presse gehen noch über Wochen weiter, so wird übellaunig vermerkt, daß nun auch noch "zwei 'Funk-Pannen'" zu verdauen seien, nichts "koordiniert" gewesen sei (Abend, 22.12.) oder schlicht festgestellt: "Die Erklärung von Innensenator Neubauer, die Verfassungsschützer seien unbewaffnet gewesen, ist ja wohl eine reine Schutzbehauptung." (FR, 22.12.) Die 'BZ' fragt am 21.12., warum gegen die Verfassungsschützer "keine Klage wegen unterlassener Hilfeleistung" angestrengt werde?

Und der 'Tagesspiegel' teilt am 8.1. die Aufforderung der FDP an Neubauer mit, den V-Leuten "für das Strafverfahren unbeschränkte Aussagegenehmigung zu erteilen". Da hat sich aber die FDP gleich einem doppelten Irrtum hingegeben: Erstens glaubte sie offenbar, Neubauer täte das irgendwann. Zweitens glaubte sie offenbar, es komme zu einem 'Strafverfahren'.
Das glaubte sogar der Kolummnist der 'BZ', der noch am 10.1.1972 hoffnungsvoll schrieb:"Sinnvoll wäre nur, wenn alle Beteiligten ihre Zeugen aus dem Sack ließen. Wenn also .... vor einem ordentlichen Gericht sowohl die beteiligten Verfassungsschützer als auch die beiden Begleiter des Getöteten ihre Aussagen machten."

Wo bleibt eigentlich dieses "ordentliche Gerichtsverfahren"? Soll etwa dieser unordentliche, beiläufige und schlampig geführte Prozeß es ersetzen? Die V-Leute erhalten keine Aussagegenehmigung, aber ein nicht nur zweifelhaftes, sondern in Teilen offensichtlich falsches Interview von Michael Baumann mit dem "Spiegel" darf hier von der Staatsanwaltschaft eingeführt werden (von der Staatsanwaltschaft, der eine gegenteilige Aussage, schriftliche Aussage Baumanns seit Januar 1972 vorliegt).

Und das Tonband mit dem Anruf bei der Funkbetriebszentrale samt einem Sachverständigen, der dann zugibt, daß er nur 15 Sekunden untersucht hat.
Das paßt gut zusammen mit einem Innensenator, der die Klage des Polizeipräsidenten zweckdienlich unterstützt, daß er nicht nur den Verfassungsschutzbeamten - immerhin Tatzeugen! - die Aussagegenehmigung verweigert, sondern den Polizeibeamten möglichst nicht mehr als die Berufsangabe gestattet.
So verstehe ich auch, wenn Sie mir dies als Schlußbemerkung gestatten, den Schuldspruch, den Sie fällen werden, (denn Ihr Schuldspruch steht für mich so fest wie für den Staatsanwalt), nur zum Teil als gegen mich gerichtet, aus zweierlei Gründen: Erstens ist er zugleich gegen Heinrich Böll, Robert Neumann, Johannes Schenk, Peter Handke, Klaus Stiller, Ulrich Sonnemann, Gerhard Zwerenz und viele andere gerichtet, die die Erschießungen von Benno Ohnesorg und Georg von Rauch ebenfalls "Mord" genannt haben. Denn daß der Prozeß gegen mich geführt wurde, hat die genannten praktischen Gründe.
In Berlin läßt sich sowas (wie der ärgerliche Hamburger Freispruch von Erich Fried zeigt) noch am besten absichern.
Zweitens ist der Schuldspruch kein Schuldspruch, sondern mehr ein Freispruch zweiter Klasse für die Polizei - es bewahrt alle Beteiligten vor eben dem, was sie fürchten: einem 'ordentlichen Gerichtsverfahren'.
Ich hoffe, daß wir in dieser Sache geschiedene Leute bleiben, ganz so, wie es mir Gerhard Zwerenz vor einigen Tagen geschrieben hat:
"Wenn wir nur noch Mord nennen dürfen, was laut einem Strafgesetzbuch als Mord definiert wird, stehen wir unter Sprechverbot.In unserer Sprache ist das Umbringen von Menschen Mord, und daß die Mörder vielleicht im Auftrage von Vorgesetzten, Vaterland oder einer Partei handeln, spricht sie nicht davon frei, auch wenn Gerichte sie freisprechen mögen. Wenn auch nur einem einzigen Menschen verboten wird, das Umbringen von Menschen Mord zu nennen, leisten die Verbieter Beihilfe zu künftigen Morden, weil sie uns verbieten wollen, Alarm zu schlagen."

Putativnotwehr und abgeschnittene Ehre

Gedanken von Staatsanwalt Weber zur Putativnotwehr in seinem Plädoyer:

"Angemessenheit der Mittel: ins Knie schießen statt in den Kopf auf die Entfernung - das ist nur bei James Bond möglich - er drückt ab und trifft, wo er gerade trifft.
Gegner kampfunfähig zu machen ist meistens die einzige Möglichkeit die Tötung, ist also ein angemessenes Mittel.
Ich gehe davon aus, daß er (Schulz) aus einer Situation heraus geschossen hat, in der er es nicht nötig hatte, daß er rechtswidrig auf ihn (Georg) oder die 3 geschossen hat."

Schily: (aus dem Plädoyer)

"Darf sich der Polizeibeamte durch eine Bewegung vermeintlich bedroht fühlen und dann den Festzunehmenden töten? Wenn Sie das als Notwehrlage von vornherein anerkennen, ist das Verfahren von Herrn Schulz zu Ende. Diese Auffassung teile ich nicht.
... ist kein Vorgang, den man juristisch unter Norwehr oder auch Putativnotwehr subsumieren kann. Es ist nach dem Ergebnis der Beweisaufnahme der Beweis einer vorsätzlichen Tötung - mit bedingtem Vorsatz zumindest - geführt, selbst bei der erschwerten Beweisaufnahme."

Zur Putativnotwehr (aus der Urteilsbegründung)
Die Feststellungen der Kammer darüber, wann, wie und unter welchen Umständen die ersten Schüsse gefallen sind, beruhen insbesondere auf den Bekundungen des Sachverständigen Dr. Habersbrunner sowie der Zeugen Hübner und Evers... Nähere Angaben zu der Frage, wie die Schießerei begann, haben sie allerdings nicht machen können...

Eindeutig erwiesen ist dagegen wiederum, daß der Zeuge Schulz den Schuß erst abgab, als die Festgenommenen ihrerseits

bereits

zu den Waffen griffen und sich dem Zeugen zuwandten. (S.36)

... daß von Rauch und seine Begleiter

zumindest bereits

dabei waren. (S.37)

Die Kammer ist zugunsten des Angeklagten davon ausgegangen, daß es Schulz gewesen ist, der den ersten Schuß abgegeben hat. Erwiesen ist jedoch, daß er seine Waffe erst abgedrückt hat, nachdem die Festgenommenen

zuvor

zu ihren Pistolen gegriffen und sich dem Zeugen zugewandt hatten, um selbst das Feuer zu eröffnen. Schulz befand sich in diesem Augenblick in einer Notwehrsituation (§ 32 Abs 2 StGB). Er war einem bereits gegenwärtigen Angriff ausgesetzt. Denn ein Angriff ist erst gegenwärtig, wenn die Verletzungshandlung vorgenommen wird, sondern schon dann, wenn der Täter durch den bevorstehenden Angriff eine bedrohliche Lage geschaffen hat (BGH NJW 1973, 255). Und daß die Lage für Schulz bereits äußerst bedrohlich gewesen ist, als er geschossen hat, steht fest. (S.48)
Der Angegriffene muß zwar das am wenigsten schädliche oder gefährliche Mittel zur Erreichung des Abwehrerfolges anwenden, braucht sich aber nicht auf das Risiko einer ungenügenden Notwehr einzulassen und darf die Maßnahme wählen, die eine endgültige Beseitigung der Gefahr verspricht. (S.5o)
... Am 22. Dezember 197o wurde Kurras vom Landgericht Berlin - 2 P KMs 2/67 - freigesprochen. Das Gericht stellte fest, daß Kurras den Studenten Ohnesorg durch einen Schuß tödlich verletzt habe und daß diese Tötung rechtswidrig gewesen sei. Es konnte jedoch im Hinblick auf die Bekundungen mehrerer namhaft medizinischer Sachverständiger nicht die Möglichkeit ausschließen, daß sich Kurras zur Zeit der Abgabe des Schusses in einem psychogenen Ausnahmezustand befunden habe und sein Fehlverhalten ungesteuert und nicht von seinem Willen beherrscht gewesen

sei. Deshalb sah das Landgericht ein Verschulden des damaligen Angeklagten nicht als erwiesen an.
Das Urteil ist seit dem 22. März 1971 rechtskräftig. (S.5)

BERLINER MORGENPOST 7. SEPTEMBER 1975 –

Prozeß um den Tod des Anarchisten von Rauch

Gericht entlastet Polizisten: Er schoß aus Notwehr

Der Beamte, der 1971 den Anarchisten Georg von Rauch erschoß, handelte in Notwehr. Die Aufklärung des Falles ist keineswegs von den Behörden verschleiert worden. Das sind zwei Kernpunkte einer Gerichtsentscheidung, die bei der Polizei große Beachtung gefunden hat.

Aus der Urteilsbegründung zur wiedergewonnenen EHRE der Berliner Polizei

IM NAMEN DES VOLKES

Der im 'Roten Kalender 1973 für Lehrlinge und Schüler' zum 2.Juni abgedruckte Vermerk '1967: Bei Demonstrationen gegen den Schahbesuch in Berlin ermordet der Kriminalpolizist den Studenten Benno Ohnesorg, Kurras wird in 2 Instanzen freigesprochen' erfüllt den Tatbestand der Beleidigung. Denn er drückt gegenüber dem Kriminalbeamten Kurras Mißachtung aus und

stellt damit einen Angriff auf dessen EHRE dar. (S.4o)
Die in dem Vermerk zum Ausdruck gebrauchte Wertung ist für den Kriminalbeamten Kurras auch beleidigend, da sie in massiver Form dessen EHRE beeinträchtigt. (S.41)
Maßgeblich für die Entscheidung der Kammer ist aber auch nicht, welche Entwicklung der Begriff 'ermorden' im Laufe der Jahrhunderte durchgemacht hat und wie ihn etwa Luther oder Goethe verstanden haben... Denn für die Frage ob eine Äußerung EHRVERLETZEND ist, kommt es nur darauf an, welche Vorstellungen sich im konkreten Fall mit dem Gebrauch dieser Wendung verbinden und wie sie vom Täter verstanden wird. (S.43)
Sollte der Angeklagte es bewußt vermieden haben die Bezeichnung 'Mörder' zu verwenden, ... weil er der Meinung gewesen ist, sie enthalte eine noch negativere Wertung als das Wort 'ermorden', so würde ihm das auch nicht helfen. Denn es ändert nichts daran, daß der Vorwurf des 'Ermordens' EHRABSCHNEIDEND ist. (S.45)
Die Äußerung, er habe Ohnesorg 'ermordet' ist demnach als EHRVERLETZEND anzusehen und erfüllt den Tatbestand der Beleidigung. (S.46)
Mit der durch Artikel 5 Abs. 1GG gewährleisteten Pressefreiheit gehen aber auch Pflichten einher, die umso ernster genommen werden müssen, je höher man das Grundrecht der freien Meinungsäußerung einschätzt. Dazu gehört vor allem, daß derjenige, der für eine bestimmte Veröffentlichung die Verantwortung trägt, das unverzichtbare Recht der Presse, einen Vorfall notfalls auch mit scharfen Worten zu kritisieren, sorgfältig gegen den Anspruch des Betroffenen auf Wahrung seiner EHRE abwägt. Von einer solchen pflichtgemäßen Güterabwägung kann zumindest dann keine Rede sein, wenn in einer Veröffentlichung die EHRE eines anderen leichtfertig und dazu noch in besonders grober Weise angetastet wird. (S.5o/51)
Denn der Vorwurf, jemand habe einen anderen ermordet, stellt, auch wenn der Begriff nicht im exakten juristischen Sinne gebraucht wird, für den Betroffenen eine besonders schwere Kränkung und EHRVERLETZUNG dar. (S.51)
Gerade dem Angeklagten, der als Germanist keinerlei Schwierigkeiten mit dem Gebrauch der

deutschen Sprache haben dürfte, wäre es zuzumuten gewesen, nur solche Kritik zu veröffentlichen, die nicht durch grobbeleidigende Formulierungen die EHRE eines anderen unangemessen beeinträchtigte. (S.51)
Bei dem Ansehn, das der Tod von Rauch's in der Öffentlichkeit erregt hatte, bestand auch in den Jahren 72/73 für die Presse durchaus noch Anlaß, sich mit den damaligen Ereignissen kritisch auseinander zu setzen und den Leser über Einzelheiten des Geschehens zu informieren. Soweit sie dabei aber EHRVERLETZENDE Behauptungen aufstellte, oblag ihr die aus der Güteabwägung folgende Pflicht, vor dem Angriff auf die fremde EHRE alles Zumutbare zu tun um festzustellen, ob die Behauptungen den Tatsachen entsprachen. Denn der Schutz des § 193 versagt, wenn jemand zwar möglicherweise gutgläubig, aber jedenfaffs leichtfertig und ohne gewissenhafte Prüfung EHRENRÜHRIGE Tatsachen über einen dritten behauptet, die nicht erweislich wahr sind. (S.52)
Wenn der Angeklagte den Aufklärungsbemühungen der Staatsanwaltschaft auch vermutlich mißtraut hätte, so hätte ihn das Ermittlungsergebnis doch wenigstens veranlassen müssen, von massiven EHRVERLETZENDEN Behauptungen solange Abstand zu nehmen, wie ihm nicht überzeugende Beweismittel für deren Richtigkeit zur Verfügung standen. Er hat die Vorwürfe nicht überprüft, obwohl er dafür - anders als etwa der Verleger einer Tageszeitung bei manchen Meldungen - genügend Zeit gehabt hätte. (S.53)
Bei der Strafzumessung fiel zugunsten des Angeklagten ins Gewicht, daß er bisher nicht bestraft worden ist. Ihm war auch zuzubilligen, daß der eigentliche Grund für die Veröffentlichung im 'Roten Kalender' in seiner Erregung über den Tod zweier Menschen zu sehen ist. Andererseits waren die EHRVERLETZUNGEN und Kränkungen, deren er sich schuldig gemacht hat, massiv. Sie waren darüber hinaus geeignet, in dem Leserkreis, für den der Kalender bestimmt war, in böser Weise Emotionen anzuheizen. (S.55)

Der Angeklagte war daher wegen Beleidigung in Tateinheit mit übler Nachrede zu bestrafen.

Wagenbach zu dem 'beleidigten' Schützen Schulz:
"Wann haben Sie von der Anzeige des Polizeipräsidenten gegen mich erfahren?"

Schulz: (zögernd) "Ziemlich bald."

Schily: "Fühlen Sie sich denn beleidigt??"

Claus Menzel, März 1975
Dabei hatte Wagenbach jede beleidigende Absicht verneint, und vielleicht gehört die Szene, in der der Todesschütze lange Sekunden für die Antwort auf die Frage brauchte, 'ob er sich denn beleidigt fühle', zu den trostlosesten Augenblicken des Prozesses...

Außerhalb des Dienstbereichs

Eine Entscheidung in Sachen Mord, außerhalb des Dienstbereichs des Berliner Polizeipräsidenten.
Die beanstandeten Äußerungen des Flugblattes "Holger Meins im Gefängnis ermordet... Das ist Mord... " stellen keine Beleidigung dar. Soweit nun das Flugblatt nicht erweislich wahre Tatsachenbehauptungen enthält, ist eine Verletzung des § 186 StGB zu erwägen. Jedoch ist dabei zu berücksichtigen, daß sich die KPD und die ihr angehörigen Studenten- und Jugendorganisationen mit der Verteilung des Flugblattes an der politischen Auseinandersetzung durch Kritik an aktuellen Tagesereignissen beteiligt haben. Wer dies will, braucht seine Worte nicht auf die Goldwaage zu legen. Wer zur wirksamen Betonung seines sachlichen Standpunktes bei der politischen Auseinandersetzung übertreibt und verallgemeinert sowie überspitzte und scharfe Ausdrücke verwendet, hat keine Bestrafung zu befürchten. Ihn schützt der Rechtfertigungsgrund der Kritikfreiheit nach § 193 StGB.("in Wahrnehmung berechtigter Interessen". Anm.d.Red.)

Aus dem Beschluß des LG Lüneburg, 14.11.1974

Nachspiel

Berlin, den 27.1.1972

Abteilung I
Soko BM Berlin

Bericht

Auf mündliches Ersuchen der Staatsanwaltschaft, StA Böhmann, war festzustellen, ob einer der Moderatoren in der Fernsehsendung der ARD (NDR Hamburg) "Panorama" am 10.1.1972 über die Tötung des Georg von Rauch bereit sei auszusagen.
Herr Dr. Bott meinte, das bei der Fubz aufgenommene Tonband könne seiner Auffassung nach zur Rekonstruktion des Tatablaufs hinzugezogen werden. Wenn man das Band mit Kopfhörern abhöre und einige Nebengeräusche herausfiltere, könne man die Schußfolge einigermaßen gut hören.

1. Phase der Schießerei:

Zwei kurz aufeinanderfolgende Schüsse, von denen er glaube, daß sie aus ein und derselben Waffe abgefeuert worden seien, da sie sich weder in der Lautstärke noch im Klangbild voneinader unterschieden.

2. Phase:

Nach etwa 8 Sekunden Pause, eine sich verdichtende Reihe von Schüssen, deren Zahl er nicht angeben kann.

3. Phase:

Wiederum nach einer kurzen Pause mehrere weitere Schüsse.

Warum wird ein Tonband sichergestellt?

Tagesspiegel, 9.1.1972:

Beim Abhören des Orginaltonbandes sowie eines überspielten Tonbandes, das mit einem technisch hochqualifizierten Gerät des Zweiten Deutschen Fernsehens (es bereitet ebenfalls eine Sendung vor) aufgenommen wurde, sind die Schüsse über einen normalen Lautsprecher und besonders mit Kopfhörer klar zu hören.
Es fielen am 4. Dezember, während der Zeuge mit der Funkbetriebszentrale telefonierte, zunächst deutlich vernehmbar zwei Schüsse kurz nacheinander und vielleicht noch ein dritter Schuß. Erst nach einer Pause waren weitere Schüsse, mindestens fünf oder sechs, zu vernehmen. Durch technisch bedingte störende Nebengeräusche auf dem Orginaltonband konnte unser Mitarbeiter die genaue Anzahl der Schüsse nicht feststellen.

Staatsanwaltschaft ließ Originaltonband sicherstellen

Das Originaltonband der Funkbetriebszentrale der Polizei mit dem Anruf des Zeugen, der am 4. Dezember die Schießerei in der Eisenacher Straße in Schöneberg beobachtete, bei der Georg von Rauch von einem Kriminalbeamten erschossen wurde, ist auf Veranlassung der Abteilung I (für politische Delikte zuständig) montag früh sichergestellt worden. In unserer Ausgabe vom 15. Dezember hatten wir den größten Teil des Zeugenanrufes nach einem Tonband der Polizei dokumentiert, das in der Funkbetriebszentrale mit Anrufen zahlreicher anderer Zeugen überspielt worden war. Wie seinerzeit berichtet, waren auf dem von der Polizei überspielten Tonband die Schüsse nicht zu hören. Aus gegebenem Anlaß hatten wir bei einer nochmaligen Anhörung des Originaltonbandes am Wochenende jedoch deutlich zahlreiche Schüsse während des Zeugenanrufes gehört. Nachdem wir darüber in der Sonntagsausgabe berichtet hatten, wurde das Originaltonband von der Staatsanwaltschaft sichergestellt. (Tsp) : 12.1.1972

Ergebnis des Geräuschgutachters: Erster Schuß aus 9-mm-Pistole

Staatsanwaltschaft: Kripo-Beamter schoß in Notwehr auf Georg von Rauch

Nach den Ermittlungen der Staatsanwaltschaft hat der Kriminalhauptmeister Schulz, der mit größter Wahrscheinlichkeit am 4. Dezember vorigen Jahres in der Eisenacher Straße den gesuchten Georg von Rauch durch einen Schuß aus seiner Dienstwaffe getötet hat, in Notwehr gehandelt. Das gegen den Polizisten geführte Verfahren ist eingestellt worden. Dieses Ergebnis beruht maßgeblich auf den Untersuchungen eines Geräusch-Sachverständigen aus München.

Nach den am Tatort gesicherten Projektilen und Geschoßhülsen gilt als sicher, daß die von Schulz festgenommenen drei Personen mit Pistolen des Kalibers 9 mm bewaffnet waren und daß mindestens fünfzehnmal aus fünf verschiedenen Waffen dieses Kalibers geschossen worden ist.

Bei der Analyse des Orignal- und des Vergleichstonbandes mittels eines sogenannten Tonfrequenzspektographen ist der Sachverständige zu dem Ergebnis gekommen, daß zunächst binnen einer halben Sekunde vier, höchstens fünf Schüsse abgegeben worden seien. Der erste Schuß sei aus einer Waffe 9 mm, der zweite aus einer des Kalibers 7,65 mm, also der Dienstwaffe des Polizisten, gefeuert worden. Der dritte und wahrscheinlich auch der vierte Schuß seien wieder aus Pistolen des Kalibers 9 mm abgegeben worden. Einen fünften habe der Sachverständige nicht einwandfrei identifizieren können, da ein gewisser Nachhall auftrete und das Geräusch bereits durch den gesprochenen Text auf dem Tonband verdeckt worden sei.

Der Abend: 27.4.1972

Sachverständige prüften Schußfolge

✳ Insgesamt 94 Schüsse peitschten gestern abend durch die Eisenacher Straße in Schöneberg. Sie wurden von dem Schußwaffen-Experten der Berliner Kriminalpolizei, Arno Hecht, aus zwei Pistolen vom Kaliber 7,65 Millimeter und 9 Millimeter auf eine Holzkiste abgegeben. Die Schußproben wurden vom Tonband aufgezeichnet und dienen dem Technischen Sachverständigen des Münchner Landeskriminalamtes, Dr. Heinz Habersbrunner, zur Erkennung der Schußfolge, wie sie tatsächlich am 4. Dezember vergangenen Jahres sich ergab, als in der Eisenacher Straße der 24jährige Georg v. Rauch erschossen wurde.

Sensationelle Erklärung: Zwei Schüsse auf Schulz

Verfahren gegen Kripobeamten vermutlich eingestellt

◇ Eingestellt wird vermutlich das Ermittlungsverfahren gegen den Kripo-Obermeister Schulz, der mit „ziemlicher Sicherheit" am 4. Dezember vergangenen Jahres in der Eisenacher Straße in Schöneberg den 24 Jahre alten Georg v. Rauch durch einen Kopfschuß getötet hat. Eine entsprechende Ankündigung machte gestern Oberstaatsanwalt Horst Severin auf einer überraschend einberufenen Pressekonferenz.

Grundlage für diese Ankündigung des Oberstaatsanwalts ist ein erster Bericht eines Sachverständigen-Gutachtens über ein Tonband, auf das ein in der Eisenacher Straße wohnendes Ehepaar die entscheidenden Augenblicke der Erschießung v. Rauchs sozusagen „live" über Notruf geschildert hatte. Dieses Tonband ist nach den Ereignissen des 4. Dezember mehrfach in der Öffentlichkeit abgespielt worden. Journalisten hatten dabei zunächst nur einen, höchstens zwei Schüsse gehört, dann waren nach kurzer Pause weitere Schüsse gefallen.

Der von der Staatsanwaltschaft mit dem Gutachten beauftragte Sachverständige — Severin weigerte sich gestern, Name und Heimatstadt des Spezialisten zu nennen — erklärte in seinem ersten Bericht dagegen, die erste Schußfolge bestehe aus insgesamt fünf Schüssen.

Der Vertreter der Staatsanwaltschaft sprach in diesem Zusammenhang von „Behauptungen einiger Presseorgane", die auf dem Band nur einen Schuß gehört haben wollen. Gleichzeitig teilte er mit, daß er das Band rund dreißigmal abgehört habe. Keine Auskunft gab Severin darüber, wieviel Schüsse er selbst denn nun eigentlich gehört habe.

Die eigentliche Schießerei in der Eisenacher Straße läßt sich nach den Worten des Oberstaatsanwalts einwandfrei bisher nur nach Aussagen des Obermeisters Schulz rekonstruieren. Aus den anderen Zeugenaussagen gehe nicht hervor, wer auf wen zuerst geschossen habe.

Mit Nachdruck wies Severin darauf hin, daß er die Versicherung zuständiger Stellen habe, daß sich in der Eisenacher Straße nur zwei Verfassungsschützer aufgehalten hätten.

Der Abend: 18.3.72

Aus dem Urteil:

"... um ihm (Habersbrunner) für seine Untersuchungen Vergleichsmaterial zu verschaffen, sind auf seinen Wunsch im April 1972 in der Eisenacher Straße 84 Schüsse aus Pistolen der Fabrikate "Firebird", "FN" und "Walther PPK" abgegeben worden..."
("Firebird", "FN" = von 'Tatbeteiligten' benutzte 9mm-Waffen; "Walther PPK" = die von Schulz benutzte 7,65mm-Waffe. - Nicht abgegeben worden sind demnach Schüsse aus 9mm-Waffen der Polizei - P 1, P 38 und MP - obwohl PHM Schiemann z.B., wie sich im Prozeß herausstellte, ausschließlich mit 9 mm-Waffen, MP und P 1, ausgerüstet war und auch andere Staatsbeamte mit 9 mm-Waffen ausgerüstet sind. Zu schweigen von einer ebenfalls am Tatort gefundenen 8 mm-Hülse. Anm.d.Red.)

DR.-ING. HEINZ HABERSBRUNNER
Ober-
REGIERUNGSCHEMIEDIREKTOR
LEITER DER ABT. KRIMINALTECHNIK
DES BAYER. LANDESKRIMINALAMTES
8 MÜNCHEN 19, MAILLINGERSTR. 15
TELEFON XXXXXXX 1251-550

8 MÜNCHEN 25
SCHULENBURGSTRASSE 13
TELEFON XXXXX 784710

18. Mai 1972

L V - 412/28 - B 1o5p

Durch Eilboten!

Herrn
Erster Staatsanwalt Böhmann
Staatsanwaltschaft Berlin

Betreff: Ermittlungsverfahren gegen Unbekannt wegen versuchten Mordes z.N. des KHM SCHULZ.

Zu den Schreiben des H. Polizeipräsidenten in Berlin vom 18. Januar und April 1972 sowie zu den verschiedenen fernmündlichen und persönlichen Rücksprachen.

In dem Ermittlungsverfahren gegen Unbekannt wegen versuchten Mordes zum Nachteil des KHM Schulz, PP Berlin, wird auf Ersuchen des PP (Polizeipräsidenten. Anm.d.Red.) Berlin und der Staatsanwaltschaft Berlin das nachfolgende

GUTACHTEN

erstattet.

Auftrag:

Nach den Vorstellungen des PP Berlin und der Staatsanwaltschaft Berlin soll durch bestimmte spezielle elektroakustische Untersuchungen anhand der Tonbandaufzeichnungen der Polizeinotrufzentrale der Verlauf der durch einen verhängnisvollen Schußwechsel charakterisierten Schallereignisse anläßlich des Zusammenstoßes der Baader-Meinhof-Gruppe mit Observationskräften der Berliner Kriminalpolizei rekonstruiert werden.

Ergebnisse:

Die im Hintergrund wahrnehmbaren Knallgeräusche können mit Hilfe eines Tonspektrographen in der Form der sog. Sonagramme aufgezeichnet werden.
Auf Grund der zahlreichen und eingehenden Vergleichsuntersuchungen kann - wenn auch vielleicht nicht mit an Sicherheit grenzender

Wahrscheinlichkeit doch jedenfalls - mit größter Wahrscheinlichkeit die Ursache des Knallgeräusches (Pistolenschüsse) festgestellt und wissenschaftlich belegt werden.
Nach den mehrfach bereits erwähnten Vergleichsuntersuchungen sind Unterscheidungen der Knallgeräusche untereinander zwar sehr schwierig, aber doch möglich und sie lassen Rückschlüsse auf verschiedene zur Verwendung gelangte Waffen - Kaliber - zu.
Diese Vergleichsuntersuchungen gibt es, wie aus den vorstehenden Ausführungen immer wieder zu erkennen ist.

Zusammenfassung:

Durch eingehende Untersuchungen konnte die Zahl und Art der ersten vier Schüsse aus den hier in Frage kommenden Faustfeuerwaffen festgestellt werden.
Danach fiel der erste Schuß aus einer Pistole mit dem Kaliber 9 mm. Der zweite Schuß wurde dicht dahinter mit einem Abstand von etwa o,15 Sekunden aus einer Pistole mit dem Kaliber 7,65 mm abgefeuert. Der dritte und wahrscheinlich auch der vierte Schuß wurde aus einer Pistole mit dem Kaliber 9 mm abgegeben.

Verfahren gegen Polizisten eingestellt

Berliner Staatsanwaltschaft gesteht dem Beamten im Fall Rauch Notwehr zu

Von unserer Berliner Redaktion

su. **Berlin**, 30. Mai

Gegen den Westberliner Kriminalpolizisten Schulz, der am 4. Dezember vergangenen Jahres aller Wahrscheinlichkeit nach den 24jährigen Georg von Rauch durch einen Kopfschuß tötete, wird keine Anklage erhoben. Die Staatsanwaltschaft gelangte in ihren seit dem 14. Dezember 1971 auf Grund einer Strafanzeige der Verwandten Rauchs geführten Ermittlungen zu dem Schluß, daß Schulz in Notwehr handelte. Das Verfahren gegen ihn wurde daher eingestellt.

Für die Klärung des Schußwechsels, der zum Tod Rauchs führte, stützt sich die Staatsanwaltschaft vor allem auf ein Tonband, das von der Funkbetriebszentrale bei der Polizei bei einem Notruf von Anwohnern der Eisenacher Straße aufgezeichnet wurde. Ein Sachverständiger des bayerischen Kriminalamtes gelangte bei der elektro-akustischen Untersuchung dieses Tonbandes und von Schußproben, die am Tatort abgegeben wurden, zu dem Ergebnis, daß der Schußwechsel am 4. Dezember in drei Abschnit-

Süddeutsche Zeitung 1.6.1972

Aus dem Einstellungsbescheid (26.5.1972):

"... die Gegenwärtigkeit dieses Angriffs ergibt sich... aus dem elektroakustischen Gutachten des Dr. Ing. Habersbrunner vom Bayerischen Landeskriminalamt. Nach diesem Gutachten, das auf einer Analyse des zur Tatzeit laufenden Tonbandes der Funkbetriebszentrale und eines weiteren mit Vergleichsschüssen hergestellten Tonbandes beruht, läßt sich der gesamte Schußwechsel von insgesamt 18 Schüssen in drei Abschnitte einteilen. Der erste Abschnitt, in dem der tödliche Schuß abgegeben wurde, besteht aus mindestens vier, möglicherweise fünf Schüssen, wobei der erste Schuß aus einer 9 mm-Pistole, der zweite aus einer 7,65 mm-Pistole, der dritte Schuß wiederum aus einer 9 mm-Pistole und wahrscheinlich auch der vierte Schuß aus einer 9 mm-Pistole abgefeuert wurden. Diese vier Schüsse wurden in einem Zeitraum von o,5 Sekunden abgegeben, wobei der Abstand zwischen dem ersten Schuß aus der 9 mm-Waffe und dem Schuß aus der 7,65 mm-Waffe o,15 Sekunden beträgt.

Vermerk der Staatsanwaltschaft bei dem Landgericht

(November 1972. Für die Staatsanwaltschaft bei dem Kammergericht bestimmt, zur Behandlung der Beschwerde gegen die Einstellung des Verfahrens. Anm.d.Red.)

Das Ergebnis, daß aus der Gruppe der Festgenommenen zuerst geschossen wurde, ergibt sich aus der Darstellung des KHM Schulz (Bd. II Bl. 8), eine Darstellung, die - zumindest - durch die weiteren Ermittlungen nicht widerlegt worden ist und im übrigen durch das Gutachten des Dr.Ing. Habersbrunner (Bd. III Bl. 84-88), wonach der erste Schuß aus einer 9 mm-Waffe kam, unterstrichen wird.
Das Gutachten des Dr.Ing. Habersbrunner (Bd. III Bl. 88) kommt in seiner Zusammenfassung zu dem eindeutigen Ergebnis, daß der erste Schuß aus einer Pistole mit dem Kaliber 9 mm fiel. Es besteht kein Anlaß, an der Richtigkeit dieser Aussage zu zweifeln.

Staatsanwaltschaft bei dem Kammergericht

Berlin 19
6. Dezember 1972

... Nach Prüfung des Sachverhalts... sehe ich mich nicht in der Lage... anzuordnen, daß die öffentliche Klage erhoben wird oder weitere Ermittlungen angestellt werden. Die Staatsanwaltschaft bei dem Landgericht hat das Verfahren aus zutreffenden Gründen eingestellt.. ... es konnten nur die überaus eingehenden Ermittlungen zugrundegelegt werden, die von Seiten der Strafverfolgungsbehörden veranlaßt worden sind, und zwar mit dem Ergebnis, daß aus der Gruppe der Festgenommenen zuerst geschossen worden ist. Das folgt einmal aus der Einlassung des KHM Schulz. Diese ist durch die angestellten Erhebungen nicht widerlegt worden. Sie wird im Gegenteil gestützt durch das Gutachten des Dr.Ing. Habersbrunner vom 18. Mai 1972, nach dem der erste Schuß aus einer 9 mm-Waffe abgegeben worden ist.

Pagel
Oberstaatsanwalt

(Wie dieser Bericht des "Tagesspiegel" zeigt, wurde Habersbrunner, seit Jahren schon beim Bayerischen Amt für Wasserschutz - siehe das folgende -, von der Berliner Staatsanwaltschaft noch 1975 als "Oberchemiedirektor von der kriminaltechnischen Untersuchungsstelle München" präsentiert. Anm.d.Red.)

Deutung von Tonbandgeräuschen im Wagenbach-Prozeß

Ein Oberchemiedirektor von der kriminaltech nischen Untersuchungsstelle München, Expert für die Deutung von Tonbandgeräusche erstattete sein Gutachten. Er sprach über da im Lauf der Ermittlungen vielfach erwähnt Tonband. Darauf hatte die Funkbetriebszen trale der Polizei, wie berichtet, während de Schießerei die telefonischen Äußerunge eines Anwohners samt Nebengeräuschen fest gehalten. Bei diesen Nebengeräuschen hab es sich mit sehr großer Wahrscheinlichkeit un Schüsse gehandelt, sagte der Sachverständige Gehe man davon aus, so habe die gesamt Schießerei „mit absoluter Sicherheit" 13 Se kunden gedauert.

Der Verteidiger ließ durchblicken, e werde zur Frage der Tonbandgeräusche un der daraus zu ziehenden Konsequenzen mögli cherweise einen zweiten Sachverständigen benennen.

(Es war der Verteidigung nicht möglich, in Berlin ein schriftliches Gutachten eines anderen Sachverständigen zu erlangen. Die Untersuchung des Tonbandes in einem Institut in der Bundesrepublik ergab zuerst, nach fernmündlicher Auskunft, "Schnitte" und andere dem Gutachten Habersbrunners widersprechende Details. Das erbetene schriftliche Gutachten verzögerte sich erst über viele Wochen, wurde dann widerrufen und schließlich abgesagt. Ein übersandtes Tonbandstück ging auf dem Postweg verloren. Anm.d.Red.)

Aus dem Urteil (6.3.1975):

Nicht einwandfrei hat aufgeklärt werden können, in welcher Reihenfolge die Beteiligten geschossen haben...
Die Feststellungen der Kammer darüber, wann, wie und unter welchen Umständen die ersten Schüsse gefallen sind, beruhen insbesondere auf den Bekundungen des Sachverständigen Dr. Habersbrunner...
Der Sachverständige Dr. Habersbrunner hat, wie er dargelegt hat, aufgrund seiner Untersuchungen und Zeitmessungen ermittelt, daß die erste Schußserie aus vier Schüssen bestanden und o,5 Sekunden gedauert hat.
Die Kammer sieht keinen Anlaß, an der Sachkunde Dr. Habersbrunners, der sich seit Jahren mit ähnlichen Untersuchungen befaßt hat, zu zweifeln. Sie ist auch von seiner Unvoreingenommenheit in diesem Verfahren überzeugt.

Antrag der Frankfurter Staatsanwaltschaft vom 22.6.1975 im sogenannten "Mafia-Prozeß":

Antrag

Herrn Oberchemiedirektor Dr. Heinrich Habersbrunner gemäß § 74 in Verbindung mit § 24 StPO wegen Besorgnis der Befangenheit als Sachverständigen abzulehnen.

Begründung:

Der von der Verteidigung gestellte Sachverständige besitzt nicht die geringste Sach-

kunde, die er dem Gericht in diesem Verfahren aufgrund besonderen Fachwissens vermitteln könnte.
Dr. Habersbrunner war bis 1. November 1972 Leiter der Abteilung "Kriminaltechnik" beim Bayerischen Landeskriminalamt in München. Dort wurde er ausschließlich mit Verwaltungsaufgaben beschäftigt; die in seiner Abteilung vorhandenen Fachbereiche unterstanden dagegen kriminalwissenschaftlichen Fachbereichsleitern. Der Sachverständige verfügt daher über keinerlei kriminaltechnisches Fachwissen mit einer einzigen Ausnahme: Er befaßte sich - sozusagen als Hobby - einmal mit Stimmenidentifizierung.
Dr. Habersbrunner wurde am 1. November 1972 gegen seinen Willen zum Bayerischen Landesamt für Wasserwirtschaft versetzt. Dort verwaltet er das Sachgebiet II/12. Sein Aufgabenbereich umfaßt Gebührenmaßstäbe, Gebührenrechnungen und steuerliche Bescheinigungen.
Ergänzend darf ich bemerken, daß Herrn Dr. Habersbrunner das Betreten des Bayerischen Landeskriminalamts untersagt ist. Ihm stehen somit keinerlei Forschungsmöglichkeiten im Bereich dieser Behörde zur Verfügung.
Die Besorgnis der Befangenheit des Sachverständigen leite ich aus folgender Tatsache her:
Herr Dr. Habersbrunner ist uns hier vom Herrn Verteidiger als "Leiter des kriminaltechnischen Instituts" in München, also unter einer falschen Berufs- und Funktionsbezeichnung vorgestellt worden. Dem Herrn Verteidiger war auch bekannt, daß Herr Dr. Habersbrunner seit fast 3 Jahren eine andere Aufgabe wahrnimmt. Was also sollte die Einführung eines nicht sachkundigen Sachverständigen (darf ich sagen "Sachunverständigen"?) in diesem Prozeß?

Ich habe Grund zu der Besorgnis, daß dieser sogenannte Sachverständige hier aufgeboten worden ist, nicht um uns sein - nicht vorhandenes - Fachwissen zu vermitteln, sondern der Verteidigung einseitig bei der Entlastung des Angeklagten behilflich zu sein.
In dieser Sorge bestärkt mich die Tatsache, daß Herr Dr. Habersbrunner nicht erstmalig als "kriminalwissenschaftlicher Gutachter" auftritt. In der Strafsache gegen Hermann

Hipp wegen versuchten Totschlags - die vor 1 1/2 Jahren vor dem Schwurgericht in Hechingen anhängig war - wurde derselbe Herr als Schußwaffensachverständiger aufgeboten. Bereits dort mußte mangels Sachwissens ein Ablehnungsantrag gegen ihn gestellt werden. Hilfsweise bitte ich, zu den in diesem Prozeß auftauchenden kriminaltechnischen Zweifelsfragen einen Gutachter zu bestellen, der die erforderliche Sachkunde besitzt.
Anschließend gestatten Sie mir eine Bemerkung:
... wenn wir wissenschaftliche Hilfe brauchen, dann wollen wir sie dankbar annehmen. Aber bitte nur von solchen Gutachtern, deren wissenschaftliche Erkenntnisse und deren Objektivität außer Zweifel stehen!

(Anmerkung des Gerichtsberichterstatters der 'Frankfurter Rundschau', Norbert Leppert, zu diesem Antrag der Staatsanwaltschaft:
"Zum Erstaunen des Gerichtsvorsitzenden erschien Dr. Habersbrunner nach diesem Antrag der Staatsanwaltschaft nicht mehr zu den Terminen. Dem Gerichtsvorsitzenden Seipel wurde dann auf Anfrage beim Münchner Landeskriminalamt bestätigt, daß Dr. Habersbrunner dort nur in einem verwaltungstechnischen Sinne für Gutachten zuständig gewesen sei, nicht aber als qualifizierte Fachkraft.")

Über die Arbeit der 'Roten Hilfe'

Ziel der Ermittlungsarbeit der "Roten Hilfe" war es, die Maschinerie der staatlichen Menschenjagd zur Erscheinung zu bringen, d.h. das, was evident ist, auch politisch sichtbar zu machen. Die politischen Sinne der sogenannten liberalen Öffentlichkeit, d.h. der Öffentlichkeit überhaupt, sind (insbesondere in der ehemaligen "Frontstadt") derart abgestumpft, daß sie erst wieder durch skandalöse Einzelheiten geweckt werden können. Nicht die Kassandrarufe über die Verletzung rechtstaatlicher Prinzipien mobilisieren die Öffentlichkeit (die Kassandra war bis zum Untergang Trojas als eine nicht weiter beunruhigende Fanatikerin weitgehend akzeptiert), sondern konkrete Aufklärung. Mehr zu wissen und nicht besser zu wissen, das ist die Voraussetzung für eine linke Öffentlichkeitsarbeit.
Indem die RH nach der Ermordung von Georg als einzige in der Lage war, eine relativ widerspruchsfreie Version des Tathergangs zu liefern, kam überhaupt die liberale Presse auf die Idee, daß es da etwas nachzufragen gab. Hinzukam allerdings, daß zur Überraschung von Neubauer und der Polizeiführung eine breite Solidaritätsbewegung innerhalb der Linken zustandekam. Nach der Pressekonferenz der RH und nach der ersten großen Demonstration versuchten wir eine Reihe von Zielen zu formulieren:

- Unser Ziel war, eine Kampagne zu entwickeln, durch die der Staat zum Abbruch seiner öffentlich inszenierten Menschenjagd gezwungen wurde;
- eine Kampagne, deren Ziel für alle Genossen einsichtig genug war, so daß zumindest im begrenzten Maß die Spaltungsprozesse innerhalb der Linken rückgängig gemacht wurden.

1. War es dazu nötig, daß die Öffentlichkeit nicht nur darüber aufgeklärt wurde, <u>wie</u> Georg von Rauch niedergeschossen wurde, sondern vor allem begriff, daß hinter der Erschießung eine bestimmte Dramaturgie, ein bestimmter Einsatzplan stand, der mit hoher Wahrschein-

lichkeit dazu führen mußte, daß Polizisten, ob sie nun Müller oder Schulz heißen, anfangen zu schießen. Gemeint ist das wohlkalkulierte Spiel mit der Veröffentlichung von Fahndungsbildern etc.
Betrachtet man die politischen Ergebnisse der Ermittlungsarbeit der RH, dann muß man erkennen, daß durch diese Arbeit zwar die Widersprüche in Neubauers Tatversion öffentlich deutlich wurden und auch die Vertuschungspolitik allseits ruchbar wurde. Auch die parlamentarische Position von Neubauer wurde insoweit unsicher, als die FDP den Rücktritt vom Polizeipräsident Hübner forderte.

Aber: Die politische Bedeutung, bzw. das politische Konzept des Einsatzplanes, und damit der Menschenjagd auf die Genossen kam in der öffentlichen Auseinandersetzung kaum zur Sprache. FDP-Lüder forderte zwar die Veröffentlichung des Einsatzplanes. Solche Forderungen sind aber echt in den Wind gesprochen, Neubauer hat es dabei überhaupt nicht nötig, auch nur hinzuhören. Denn der Einsatzplan wäre nur dann in die öffentliche Auseinandersetzung geraten, wenn einer der wenigen liberalen Parlamentarier, oder die westberliner Stimme der Vernunft, "Der Tagesspiegel", den Mut gehabt hätten, zu erklären, daß sie diese Form der öffentlichen Großfahndung für Menschenjagd halten, solange jedenfalls, bis die staatlichen Stellen nicht die polizeiliche Notwendigkeit offenlegen können. Soweit mußte ein Liberaler gehen, das konnte auch die beste Aufklärungsarbeit von Seiten der RH nicht abnehmen.
Summa: Die liberale Öffentlichkeit war zunächst nicht in der Lage, wirklich selbstständig zu recherchieren, um einer Vertuschungsjustiz entgegenzutreten, nachdem sie die Ergebnisse unserer Recherche frei raus bekam, war sie im Grunde unfähig, die notwendigen Schlüsse daraus zu ziehen. Hier liegt zunächst eine Grenze der liberalen Öffentlichkeit, eine typisch deutsche Grenze. Das zu analysieren ist angesichts der zunehmenden staatlichen Repressionspolitik nach wie vor notwendig.

2. War es nötig, daß es zu einer umfassenden, d.h. von den Fraktionierungszwängen unab-

hängigen Mobilisierung der Linken kam. Ansätze waren da, das zeigte die Aktivitäten in der ersten Woche und das zeigte nicht zuletzt die erste Massendemonstration, in der es den meisten Genossen plötzlich egal war, ob sie nun als RAF-Symphatisanten eingeschätzt wurden oder nicht.
Aber:Die Zersplitterung und die Dogmatisierung der Linken erwies sich insgesamt gesehen als stärker. Wohl wurde zum ersten Mal seit zwei Jahren die Forderung der Solidarität als ein gemeinsames Ziel der Linken anerkannt. Aber über die Ziele der Kampagne ließ sich keine Einigkeit herstellen. Wir waren der Meinung, daß, wenn überhaupt dieser Großfahndungspolitik des Staates Einhalt gebieten werden könne, wir den Rücktritt eines ihrer wichtigsten Vertreter erreichen mußten, den Rücktritt von Neubauer also. Wir blieben in der Minderheit, machten uns sogar lächerlich. Die Mehrheit war für allgemeine Brandmarkung, fürs 'endgültige Entlarven', fürs 'die Maske vom Gesicht zerren'. Der Rücktritt von Neubauer sei ohnehin nicht zu erreichen, außerdem unnötig, weil er nur eine Charaktermaske sei. Diese schwachsinnige Charaktermaskentheorie, d.h. die Unfähigkeit zwischen einen Agenten und einer Charaktermaske zu unterscheiden (d.h. auch die Unfähigkeit Marx richtig zu lesen) hat vielen Genossen das politische Ziel vernebelt. Indem es nicht möglich war, einen wirklichen Erfolg gegen den Staatsapparat auch nur anzuzielen, fiel die Kampagne zusammen und die Menschenjagd nahm ihren bekannten Fortgang.
Nachträglich muß gesagt werden: Den bürgerlichen Staat zu 'brandmarken', 'zu entlarven', ihm seine eigentlichen Ziele nachzuweisen (die Unterdrückung des Proletariates nämlich) ist sinnlos, ist geradezu die biologische Umwelt des bürgerlichen Staatsapparates. Man kann gegen die Brutalitäten des Staates nur dann eine Öffentlichkeit und auch die Linke mobilisieren, wenn man entschlossen ist, mit allen Mitteln dessen Agenten, also einzelne Menschen, zu entwaffnen, zu treffen und bloßzustellen.
Wie man Agenten des Staatsapparats bloßstellt, das scheint die selbstverständlichste Sache der Welt zu sein. Aber die gegenwärtige Linke

tut sich gerade damit schwer. Entweder wird darunter "ein die Maske vom Gesicht reißen" verstanden, wobei meistens das jeweilige Gesicht mitabgerissen wird und dabei unter dem flüchtigen Lächeln eines Liberalen der Staatsapparat mit der kühlen Präzision eines Maschinengewehrs erscheint; oder die Charaktermaske wird zur (meist schweinischen) Visage, die so recht deutlich macht, warum man links ist. Beide Haltungen unterliegen der Suggestion der Herrschenden. Worum es geht: Eine linke Tagespolitik entwickeln, die den Regierenden das Regieren schwer macht, auch wenn man gerade nicht eine neue Etappe des revolutionären Kampfes erreichen kann. Es geht um den Kleinkrieg und dafür braucht man genaues Wissen, auch über Personen.
Kein Innenminister kann ganz legal regieren. In der Abweichung der Herrschenden von ihren eigenen Gesetzen liegt die Kerbe, in die man hineinhauen muß. Dazu muß man aber die Kerbe auch genau sehen können.
Massenaktionen, die bei der abstrakten Entlarvung des Staatsapparates, stehen bleiben, verpuffen. Sie müssen vielmehr ein sinnlich-wahrnehmbares Ziel haben. Der politische Kampf gegen die Agenten des Staates, die politisch Verantwortlichen also, ist keine Angelegenheit für Liberale, sondern immer das aktuelle Problem der Massenaktion selber.

Rudi Dutschke: Nach-Gefechte

Was für mich als zeitweiliger Zuschauer auf den ersten Blick in diesem Monster-Prozeß auffiel, mich gewissermassen erschreckte, war nicht die systematisierte Unfähigkeit der befragten Polizeibeamten usw. die konkrete Wahrheit zu ihrem Recht kommen zu lassen. Diese strukturelle Verhaltensweise war uns spätestens seit der [redacted] von Benno Ohnesorg klar geworden. Wir nannten das 'damals' so,und ich sehe keinen Grund zum Widerruf. Auch das juristische Urteil gegen Klaus Wagenbach überraschte mich nicht, wenngleich ich hinzufügen muß, daß mir all die juristischen Konsequenzen für zukünftige Prozesse gegen anti-kapitalistische Verlage bisher nicht klar sind. Nein, unmittelbar erschrocken war ich allein über die schier totale Ohnmacht und gewisse Angepaßtheit derer, die anläßlich eines solchen Prozesses überhaupt dabei waren. Die meisten von ihnen waren Sozialisten und Kommunisten aus meiner bzw. aus den jüngeren Generationen. Ich fragte mich: sind die sich ihrer Leiden nicht mehr so bewußt, daß aus diesen Leiden politische Leidenschaft werden kann? Doch schon nach kurzer Zeit wurde ich mir der Überzogenheit meiner Frage bewußt. Nein, sie waren nicht leidenschaftslose geworden, sie waren auch keine angepaßten Typen, sie waren sich vielmehr instinktiv oder durch jahrelange Erfahrung bewußt geworden über ihre gesellschaftliche Lage. Einer wie ich, der die meisten Jahre nach 1968 im 'Exil' verbracht hat bzw. verbringt, sieht auf den ersten Blick manche Situationen unscharf. Es wurde mir aber u.a. durch diesen Prozeß gegen Klaus Wagenbach erneut klar, daß in einer Periode, in der die vorherige sich nur noch dahinquält, die neue schon längst begonnen hat, die meisten von uns sich auf schwankendem Boden bewegen.
War das Urteil gegen Klaus Wagenbach zwar erschreckend, so muss uns doch eines klar sein: es handelte sich erneut noch um Nach-Gefechte. Gefechte, die schon von der realen Bewegung in der Gesellschaft teilweise überholt sind. Man braucht sich nur die Veränderungen und Entscheidungen in der Arbeitsprozessordnung der

letzten Jahre anzuschauen. Da finden keine Nach-Gefechte statt, da geht es um die juristische Absicherung der Profitrate. In den Nach-Gefechten sind aber zumeist Niederlagen zu erwarten. Darum hat Solidarität sich hier erneut zu bewähren. Unsere antikapitalistischen Verlage können in der jetzigen Periode nur wirklich überleben, wenn wir sie in Augenblicken der politisch-ökonomischen Gefährdung handfest unterstützen.

Johannes Schenk: Gegen die Lüge

Georg von Rauch ist vor vier Jahren an der Ecke Eisenacher Straße von Polizisten gestorben worden. Die Zeitungen waren voll von Vermutungen, eine zeitlang. Eine Anklage gegen die Polizisten wurde nicht erhoben. Zeugen wurden nach der Tat nicht gehört, sondern fortgeschickt. Die Herrschenden setzten darauf, daß alles schnell vergessen würde. Das hat in diesem Land Geschichte, das Vergessen, die Herrschenden konnten sich oft zu leicht darauf verlassen, daß ihre Verbrechen von vielen vergessen werden. Und die, die sie getan haben, wurden freigesprochen, aus der Haft entlassen, gar nicht angeklagt: Die Kaduks, die Lischkas, die Rehses. Wurden Prozesse verschleppt, wurden Strafen verkündet, die ein Hohn sind gegenüber den Opfern dieser Mörder. Wurde das Vergessen mit Pendanterie, mit Akribie, mit Raffinesse, mit Betrug, mit allen Mitteln des Rechtes, und wenn das nicht ausreichte, mit allen Mitteln der Gewalt, betrieben. Wird Vergessen zur Vorschrift. Wird das Beim-Namen-Nennen neuer Verbrechen, neuer Beleidigungen durch die Staatsgewalt mit Strafe bedroht. Wird der Verleger Klaus Wagenbach angeklagt, [redacted] genannt zu haben.

Nicht angeklagt aber werden die, die von Staatswegen dazu ermuntert werden, zu schießen, oder ihre Ermunterer. Vom Staat bezahlt, mit wahnwitzigen Waffen ausgerüstet, mit Vor-

urteilen, mit Vorverurteilungen vollgestopft, mit einer Sprache, die jeder menschlichen Kommunikation spottet, wo der [redacted], das Erschießen eines jungen Menschen zum "Vorfall" wird, wo vor Gericht einer der Polizisten auftritt und seine Wahrheits"liebe" beteuert mit den Worten: "Es ist die Sache nicht wert" (zu lügen). Also gibt es wohl für den Polizisten noch "Sachen", wo es wert ist, zu lügen. Die "Sache" Georg von Rauch, erschossen an der Ecke Eisenacher Straße, ist es nicht wert, da lügt er nicht. Und in den kritischen Momenten wird ihm die Aussagegenehmigung verweigert. Dem die "Sache es nicht wert ist", beamtet von einem Staat, dem das "Wohl des Staates" darin liegt, die Wahrheit lieber nicht herauszufinden. Es würde dem Wohl des Staates vielleicht schlecht bekommen, wenn das, was damals an der Ecke Eisenacher Straße geschah, aufgeklärt würde.
Der Polizist, dem "die Sache es nicht wert ist", der weiter schwerbewaffnet Pistolensorten ("locker getragene", ein Polizist vor Gericht) vom Staat in die Hand gedrückt bekommt, wird vereidigt. Der Vorsitzende des Gerichtes vereidigt alle, die hier ihren Auftritt haben, ob sie Hauptwachtmeister Schulz oder Schiemann, Senator Neubauer oder Polizeipräsident Hübner oder Herr Haase heißen und von nichts wissen. Justitia überm Portal siehts nicht, ist auch aus Stein. Und die Staatsanwälte, die mit diesem Prozeß eigentlich gar nichts zu tun haben, beobachten den Gang dieser Schmiere, die die Bequemlichkeit der Justiz nichts, Wagenbach aber, die Menschen, die Öffentlichkeit, die Nichtinformierten ebenso, die Ignoranten ebenso sehr viel kostet. Kopf nicht, aber Kragen, wenn wir weiterhin so hinnehmen, uns so an das Hinnehmen von Zensur gewöhnen. Da reicht es nicht aus: Das Wort Klassenjustiz, wenn es nur noch Formel wird, den Fatalismus zu übertünchen, das "Es ist eben so". Das darf so eben nicht bleiben. Sonst können wir gleich die Koffer packen oder uns wieder sehen in den neu erbauten Gefängnissen und Gerichtssälen.
Hier, im Prozeß gegen Wagenbach, tritt auf: Die Menschenverachtung, der wohlgenährte Polizist, der "ständig unter Lebensgefahr, seinen letzten Tag täglich erlebt" (ein Polizist

vor Gericht) es treten Politiker auf, die dem "Wohl des Staates" die Verschleierung von Wahrheit verordnen.
Hier vor Gericht ist die Wahrheitssuche angeklagt, daß sie so dreist ist, zu benennen. Hier treten die als Kläger auf, die geschossen haben, die anordnen, in Kauf nehmen, es billigen, entschuldigen, verordnen. Der als Zeuge gehörte Polizist sagt: "Es ist die Sache nicht wert". Es wird weiter geschossen werden, weiter geschossen werden lassen in diesem Land. Von solchen, denen die Wahrheit unbequem ist und die eifrig bemüht sind, das Vergessen zu üben. Aber es werden immer wieder die da sein, die das Vergessen aus den Kisten holen. Das wird kein Gerichtsurteil verhindern. Und ich, als Gedichteschreiber, fühle mich genauso verurteilt, wie Klaus Wagenbach. Wie sich viele andere verurteilt fühlen. Freundliche Leute, die sich das Sagen der Wahrheit nicht durch ein Gerichtsurteil verbieten lassen.

DIE ZEIT 14. März 1975

In Berlin wurde Klaus Wagenbach wegen Beleidigung der Polizei verurteilt

Nicht Mord sagen

Für die jetzt so hoch begehrte „Innere Sicherheit" scheint mir die innere Sicherheit der Polizei besonders nötig, die zur Zeit ihre Mißerfolge und sonstigen Frustrationen mit Hilfe von Beleidigungsklagen gegen kritische Publizisten zu kompensieren sucht. Die Berliner Polizei hat im Fall Wagenbach damit auch Erfolg gehabt; sie hat in der Berufungsinstanz eine Verurteilung wegen Beleidigung erreicht. Wagenbach hatte im Hinblick auf den Tod von Benno Ohnesorg und Georg von Rauch das Wort „Mord" gebraucht. Andere hatten das auch, ein in London lebender deutscher Lyriker (Erich Fried) und ein Nobelpreisträger (Heinrich Böll); aber wichtig war, den unbequemen Berliner Verleger Klaus Wagenbach zu treffen. Zwar ist die Anklage wegen Beleidigung von Kollektiven wie „Berliner Polizei" oder „niederbayerische Bauernschaft" ein zweifelhaftes Mittel zur Wiederherstellung der Ehre. Ein besseres Mittel ist, wie François Mitterrand bei den gegenwärtigen Auseinandersetzungen über Exzesse der französischen Polizei gesagt hat, die Anerkennung und Behebung begangener Fehler.

Die erste Instanz hatte Wagenbach freigesprochen, weil Wagenbach als Publizist mit seiner Kritik an der Polizei ein berechtigtes Interesse im Sinne des Paragraphen 193 Strafgesetzbuch wahrgenommen habe. Das Berufungsgericht hat nun aber doch an dem Wort „Mord" Anstoß genommen und eine lange Beweisaufnahme veranstaltet; bei richtiger Anwendung des Paragraphen 193 wäre das überflüssig gewesen, denn der deckt auch beleidigende Behauptungen oder Bewertungen. So ist aber doch noch jene Einheitsfront von Justiz und Polizei zustande gekommen, die in Deutschland alte wilhelminische Tradition ist. Die rechtlich so schön getrennten Gewalten vereinigen sich wieder vor Gericht. Und die Justiz erkennt nicht, welche verhängnisvollen Folgen es haben kann, wenn auf staatliches Unrecht keine öffentliche Sanktion stattfindet, sondern allenfalls, wie bei dem in Stuttgart sinnlos erschossenen, gänzlich harmlosen Schotten, still ein paar hunderttausend Mark gezahlt werden. In Frankreich ließen sich wohl die Gerichte nicht gefallen, daß ein Polizeichef die Ermittlung der Wahrheit dadurch blockiert, daß er wichtigen Augenzeugen bei dem Vorgang der Erschießung nicht die Genehmigung zur Aussage gibt. Das ist jetzt in Berlin geschehen. Ist nicht anzunehmen, daß gerade das Geheimnis, welches der Polizeisenator schützen wollte, die Wahrheit enthielt?

Zum Wort „Mord" ist zu sagen: Für den Nichtjuristen und für den, der zu Nichtjuristen spricht, deckt sich der Sinn des Worts nicht mit dem Tatbestand des Paragraphen 211 StGB, sondern umfaßt jede rechtswidrige vorsätzliche Tötung. Rechtswidrig und vorsätzlich ist die Tötung auch bei der viel mißbrauchten „Putativnotwehr" (jenen Fällen, in denen jemand die Voraussetzungen der Notwehr irrtümlich für gegeben hält). In dem Fall, in dem der Polizist aus Schießwut oder Angst abdrückt — das waren der Fall Ohnesorg und der Fall jenes Schotten in Stuttgart —, mag ein korrekter Jurist vor Juristen von einem „Totschlag im Eventualvorsatz" reden, wenn er, wie ich es in diesen Fällen tue, die Voraussetzungen der Putativnotwehr bestreitet. Wer, wie Wagenbach, für Lehrlinge schreibt, darf hier von Mord reden. Der Begriff des „Justizmordes" umfaßt sogar — siehe die Wörterbücher — nicht nur die vorsätzliche Tat, sondern überhaupt die Verurteilung eines Unschuldigen, auch wenn sie im besten Glauben an die Schuld geschieht.

Richard Schmid

Oberlandesgerichtspräsident a.D.

Im Hintergrund:

Es darf geschossen werden

DER SPIEGEL : 19.5.75
DAS DEUTSCHE NACHRICHTEN-MAGAZIN

BGH-Urteil erleichtert der Polizei den Schußwaffengebrauch

Mit einem Freispruch durch den Bundesgerichtshof (BGH) endete vergangene Woche das Strafverfahren gegen den Polizisten Rolf Diehl, 33, der 1973 in Dortmund den siebzehnjährigen Fürsorgezögling Erich Dobhardt auf der Flucht erschossen hatte. [redacted]

[redacted] Nach Paragraph 14 Abs. 3 UZwG NW ist der Schußwaffengebrauch lediglich gegen Personen untersagt, die sich dem äußeren Eindruck nach im Kindesalter befinden. [redacted]

Frankfurter Rundschau : 24.6.75

Innenminister verschärften Bestimmungen über den Todesschuß

Nach dem Gesetzentwurf darf ein Polizist einen Straftäter schon bei Gefahr für den „Leib" eines Bedrohten gezielt erschießen

Von unserem Korrespondenten Winfried Didzoleit

BONN, 24. Juni. Polizisten sollen künftig einen gezielten tödlichen Schuß auf einen „Rechtsbrecher" abgeben dürfen, „wenn er das einzige Mittel zur Abwehr einer gegenwärtigen Gefahr für Leib oder Leben (eines bedrohten Menschen, d. Red.) ist". Ansonsten aber dürfen Schußwaffen nur gebraucht werden, um den Täter angriffs- oder fluchtunfähig zu machen. Das ist der Inhalt des Paragraphen 41 (Absatz zwei) des „Musterentwurfs eines einheitlichen Polizeigesetzes", über das sich die Innenminister der Länder und des Bundes in der vergangenen Woche im Prinzip einigten. Der Entwurf soll noch an einigen Stellen redaktionell bearbeitet werden und dann an die Berufsverbände und die Wissenschaft gegeben werden, um die öffentliche Diskussion darüber einzuleiten.

Wichtigster Bestandteil des Musterentwurfs, der in weiten Teilen bestehendes Länderrecht lediglich zusammenfaßt und übersichtlicher darstellt, sind die Bestimmungen über den Schußwaffengebrauch und hier besonders die über den gezielten Todesschuß. Die oben zitierte Bestimmung wurde gegenüber dem ursprünglichen Entwurf vom 20. Aprli 1974 verschärft. In der ersten Fassung hatte es noch geheißen, daß ein Todesschuß nur zulässig sei, wenn er „das einzige Mittel zur Abwehr einer gegenwärtigen Lebensgefahr ist". In der neuen Fassung erklärte man dagegen den Todesschuß auch schon zur Abwehr einer Gefahr für Leib (Gesundheit) oder Leben für zulässig. Nach dieser Formulierung ist der Todesschuß auch zulässig, wenn dadurch, zum Beispiel bei einer Geiselnahme, eine schwere Verstümmelung der Geisel verhindert werden solle, wurde gegenüber der FR im Innenministerium erklärt.

Nach den bisher geltenden Gesetzesbestimmungen dürfen Polizisten auf einen „Rechtsbrecher“ nur zu dem Zweck schießen, ihn „angriffs- oder fluchtunfähig zu machen“. Wenn dabei der Rechtsbrecher tödlich verletzt wird, so macht sich der Polizist allerdings nicht strafbar, wenn der Schußwaffengebrauch an sich gerechtfertigt war. Außerdem kann sich ein Polizist auf die Notwehrbestimmungen des Strafgesetzbuches berufen (Paragraph 32). Diese Bestimmungen erlauben auch die sogenannte Nothilfe („um einen gegenwärtigen rechtswidrigen Angriff von einem anderen abzuwehren“), etwa für eine bedrohte Geisel.

Das ist jedoch aus zwei Gründen umstritten: Einmal ist es fraglich, ob ein Einsatzleiter einem Polizisten befehlen kann, aufgrund der Notwehr- und Nothilfebestimmungen einen gezielten Todesschuß auf einen Rechtsbrecher zur Abwehr der Gefahr für einen bedrohten Menschen (zum Beispiel eine Geisel) abzugeben. Der zweite Punkt ist, daß gegenwärtig eine Notwehrhandlung, die erforderlich wäre, um einen „rechtswidrigen Angriff von ... einem anderen abzuwehren“ („Nothilfe“), nach Ansicht der Juristen gegen den Willen des Angegriffenen unzulässig wäre. Nun kommt es bei Geiselnahmen jedoch häufig vor, daß die Geiseln einen mit Schußwaffen geführten Befreiungsangriff der Polizisten nicht wünschen, weil sie darin eine zu große Gefahr für sich erblicken. Die Verfasser des Musterentwurfs gehen jedoch davon aus, daß die Polizei in den meisten Fällen den besseren Überblick über die Lage hat und deshalb in ihren Entscheidungen nicht abhängig sein sollte von den Entscheidungen der bedrängten Geiseln.

Strittig ist zwischen Bund und Ländern noch die Frage des Einsatzes der Bundespolizei. Im Paragraphen 52 (3) des ursprünglichen Entwurfs vom 20. April 1974 heißt es dazu, „Polizeibeamte des Bundes (Grenzschutz und Bundeskriminalamt, die Red.) können auf Anforderung der zuständigen Behörde im Lande ... Amtshandlungen vornehmen, soweit eine solche Unterstützung gesetzlich vorgesehen ist“. Das genügte dem Bund offenbar nicht. Er schlug den Innenministern deshalb eine Ergänzung vor, die den Polizisten des Bundes einen Einsatz auch „zur Abwehr einer gegenwärtigen erheblichen Gefahr“ gestattet, wenn „die zuständige Behörde die erforderlichen Maßnahmen nicht rechtzeitig treffen kann“. Damit würden die Polizisten des Bundes Länderpolizisten gleichgestellt, die in einem anderen Bundesland tätig werden. Zum „Erstaunen“ des Bundesinnenministeriums hatten die Länder Bayern, Bremen, Niedersachsen, Nordrhein-Westfalen und Rheinland-Pfalz offenbar keine Bedenken. Die anderen Länder haben sich noch eine Frist ausgebeten.

„Todesstrafe durch Hintertür“

DGB-Vorstandsmitglied Schmidt gegen gezielte Todesschüsse

Deutscher Bundestag
7. Wahlperiode

Drucksache 7/3030

23. 12. 74

Sachgebiet 450

Gesetzentwurf

der Bundesregierung

Entwurf eines Dreizehnten Strafrechtsänderungsgesetzes

A. Zielsetzung

Der Entwurf soll dazu beitragen, der Ausbreitung von Gewalttaten, insbesondere solcher, die die Allgemeinheit besonders beunruhigen, entgegenzuwirken. Diesem Ziel dient es, die Anleitung zu Gewalttaten, deren Befürwortung und Androhung mit strafrechtlichen Mitteln einzudämmen.

B. Lösung

Der Entwurf schlägt die Einfügung eines neuen § 130 a StGB sowie die Änderung und Ergänzung der §§ 126, 140, 145 d und 241 StGB vor. Die neue Strafvorschrift des § 130 a StGB soll die Befürwortung schwerer Gewaltaten und die Anleitung zu solchen Taten unter Strafe stellen. Dadurch werden Lücken im geltenden Recht, die sich in der Praxis gezeigt haben, geschlossen. Der Tatbestand des § 126 Abs. 1 StGB, der bisher auf die Androhung gemeingefährlicher Verbrechen beschränkt ist, wird ergänzt, weil auch die Androhung anderer Gewalttaten in gleicher Weise geeignet ist, die Bevölkerung zu beunruhigen. Darüber hinaus schließt der Entwurf Lücken im Strafrechtsschutz dadurch, daß er wissentlich falsche „Warnungen", die die gleiche Wirkung wie Drohungen haben können, erfaßt. Der Entwurf löst dieses Problem durch Ergänzungen der §§ 126, 145 d und 241 StGB.

3. Nach § 130 wird folgende Vorschrift eingefügt:

„§ 130 a

Befürwortung von Straftaten;
Anleitung zu Straftaten

(1) Wer eine Schrift (§ 11 Abs. 3), die die Befürwortung einer der in § 126 Abs. 1 Nr. 1 bis 6 genannten rechtswidrigen Taten oder die Anleitung zu einer solchen Tat enthält und bestimmt sowie nach den Umständen geeignet ist, die Bereitschaft anderer zu fördern, solche Taten zu begehen,

1. verbreitet,
2. öffentlich ausstellt, anschlägt, vorführt oder sonst zugänglich macht oder
3. herstellt, bezieht, liefert, vorrätig hält, anbietet, ankündigt, anpreist, in den räumlichen Geltungsbereich dieses Gesetzes einzuführen oder daraus auszuführen unternimmt, um sie oder aus ihnen gewonnene Stücke im Sinne der Nummern 1 oder 2 zu verwenden oder einem anderen eine solche Verwendung zu ermöglichen,

wird mit Freiheitsstrafe bis zu drei Jahren oder mit Geldstrafe bestraft.

(2) § 86 Abs. 3 gilt entsprechend.

(3) Ebenso wird bestraft, wer öffentlich oder in einer Versammlung

1. die Begehung einer der in § 126 Abs. 1 Nr. 1 bis 6 genannten rechtswidrigen Taten befürwortet oder
2. zu einer solchen Tat eine Anleitung gibt,

um die Bereitschaft anderer zu fördern, solche Taten zu begehen."

4. § 140 erhält folgende Fassung:

„§ 140

Belohnung und Billigung von Straftaten

Wer eine der in § 138 Abs. 1 Nr. 1 bis 5 und in § 126 Abs. 1 Nr. 1 bis 6 genannten rechtswidrigen Taten, nachdem sie begangen oder in strafbarer Weise versucht worden ist,

1. belohnt oder
2. in einer Weise, die geeignet ist, den öffentlichen Frieden zu stören, öffentlich, in einer Versammlung oder durch Verbreiten von Schriften (§ 11 Abs. 3) billigt,

wird mit Freiheitsstrafe bis zu drei Jahren oder mit Geldstrafe bestraft."

Bernt Engelmann
Radikale im öffentlichen Dienst

Das Problem ist, zumal bei uns, nicht eben neu: Beamte, besonders Lehrer an Schulen und Universitäten, sollen einerseits Leuchten der Wissenschaft und (neuerdings) aufrechte Demokraten sein, andererseits aber treue (soll heißen: sich jeglicher Kritik an der von Gott eingesetzten Obrigkeit enthaltende) Staatsdiener. Da sind Konflikte unvermeidlich, und sie enden in aller Regel mit der ›Maßregelung‹, das heißt: mit dem Hinauswurf der nicht zu völligem Denk-, Kritik- und Gesinnungsverzicht bereiten Beamten.

Die Folgen sind nicht nur für die vom Berufsverbot betroffenen Männer und Frauen bitter, sondern auch für den sie ›maßregelnden‹ Staat und seine Bürger. Nur merkt dies die Obrigkeit nicht. Sie stellt sich auf einen ähnlichen Standpunkt wie weiland König Ernst August von Hannover. Nachdem dieser Landesvater sieben Göttinger Hochschullehrer aus ihrem Amt, drei davon auch aus dem Land, gejagt hatte und er von Alexander von Humboldt auf die für Hannover schädlichen Folgen dieser ›Maßregel‹ hingewiesen worden war, meinte er, sehr von oben herab: *»Professoren, Huren und Balletteusen kann man überall für Geld haben!«*

Das war schon damals und ist gewiß auch heute noch richtig. Es darf jedoch bezweifelt werden, ob ein durch hohe Einkaufspreise erzielter Denk- und Kritikverzicht bei Professoren ähnliche Qualitätssteigerungen zeitigt, wie man sie bei Huren zumindest erwartet. Die seinerzeit – es war im Sommer 1837 – amtsenthobenen Wissenschaftler erwiesen sich jedenfalls als nicht ohne weiteres ersetzbar. Und mindestens zwei von ihnen, die Brüder Jacob und Wilhelm Grimm, sind dann wesentlich berühmter geworden als ihr despotischer Landesherr, den sie – übrigens durchaus zu Recht – des Verfassungsbruchs bezichtigt hatten.

Die als Radikale aus dem öffentlichen Dienst entfernten ›Göttinger Sieben‹ sind keine seltenen Ausnahmen. Weit eher läßt sich sagen, daß die ›Maßregelung‹ kritischer und – im besten Sinn des Worts – freisinniger Staatsdiener, darunter spätere Nationalheilige und Weltberühmtheiten, in deutschen Landen durchaus die Regel war und leider noch heute ist.

Immanuel Kant, der nach seiner Habilitierung ein Opfer der

Gesinnungsschnüffelei wurde und fünfzehn Jahre lang auf eine Professur in Königsberg warten mußte, erhielt 1794 einen strengen Verweis und konnte sich vor Entlassung und Berufsverbot nur dadurch retten, daß er sich der königlich preußischen Anordnung, nicht mehr über Religion zu schreiben oder gar Vorlesungen zu halten, seufzend fügte. Johann Heinrich Pestalozzi wurde 1798 der Prozeß gemacht; Johann Gottlieb Fichte verlor 1799 seine Professur in Jena, nachdem er sich schon sechs Jahre zuvor mit einer an die Fürsten Europas gerichteten *»Zurückforderung der Denkfreiheit«* mißliebig gemacht hatte. *»Eine Schrift, die man erst zu lesen bittet, ehe man sie confisziert«*, half dem Philosophen begreiflicherweise wenig. Es blieb bei dem Berufsverbot für Fichte im Herzogtum Weimar. Und der große Gottfried Wilhelm Leibniz konnte gar nicht erst Professor werden, so wenig paßten der Obrigkeit seine ›radikalen‹ Ansichten.

Fröbels Kindergärten wurden 1851 in Preußen verboten, und dabei blieb es zehn Jahre lang. Friedrich Ludwig Jahn sperrten die preußischen Behörden gar jahrelang ein, schlossen seine Sportplätze und stellten den der ›Demagogie‹ verdächtigen Turnvater auch nach dessen später Rehabilitierung unter Polizeiaufsicht.

Ernst Moritz Arndt wurde 1819 ›gemaßregelt‹; 1820 verlor er seine Professur in Bonn, und 1821 machte man dem vermeintlichen ›Staatsfeind‹ den Prozeß. Zwar wurde er dann freigesprochen, doch es blieb bei dem Berufsverbot. Zwanzig Jahre später mußte ein junger Lehrstuhl-Anwärter aus Trier, Dr. Karl Marx, die Amtsenthebung seines Freundes, des Bonner Hochschullehrers Bruno Bauer, erleben. Natürlich konnte Marx dann auch nicht Professor werden, so wenig wie Ludwig Feuerbach.

Etwa zur gleichen Zeit wie Bauer in Bonn wurde in Breslau der Professor August Heinrich Hoffmann amtsenthoben und in Preußen mit Berufsverbot belegt. Er hatte in seinen *»Unpolitischen Liedern«* etwas geäußert, das streng verboten war, nämlich: *»Ingrimm über alle Erbärmlichkeit, Feigheit und Niederträchtigkeit.«* Immerhin: Eines der Lieder dieses aus Fallersleben stammenden Ex-Beamten wurde später deutsche Nationalhymne, die dritte Strophe davon ist es in der Bundesrepublik noch heute.

»Einigkeit und Recht und Freiheit« – viel besungen, aber – was die beiden letzten Werte betrifft – noch mehr mit Füßen getreten, erst im wilhelminischen Preußen-Deutschland, dann in der Weimarer Republik, alsdann bis zum Exzeß im Hitler-Reich, und nicht erst neuerdings in der Bundesrepublik. Die Opfer waren

fast immer diejenigen, die sich durch *»Zurückforderung der Denkfreiheit«*, durch mangelnde Bereitschaft zu Kritik-, Gesinnungs- oder Glaubensverzicht als »untragbar« erwiesen hatten. Zuerst waren es die liberalen Demokraten, die verfolgt wurden, dann die Sozialisten, bei denen schon eine vermutete Sympathie für die verbotene SPD zur Nichteinstellung oder Amtsenthebung ausreichten; seit dem 9. November 1918 werden die Kommunisten in Deutschland ›gemaßregelt‹, und nicht selten kamen sie dabei zu Tode. Seit Menschengedenken waren die Juden Opfer von Berufsverboten, bis dann nach 1945, hauptsächlich mangels Masse, ein wenig auch aus schlechtem Gewissen, der Antisemitismus offiziell begraben wurde. Und im ›Dritten Reich‹ wurden auch viele ehrliche Christen aus dem öffentlichen Dienst und sogar aus den Pfarrämtern verjagt.
Bei sämtlichen Berufsverboten, gleich gegen wen, wurde von Seiten der sie erlassenden Behörden mit Gesetz und Verfassung Schindluder getrieben, Gesinnung (oder Glauben oder auch ›Rasse‹) kriminalisiert und nach dem Grundsatz verfahren: *Macht geht vor Recht!* Aber daß Marx und Feuerbach, zuvor Leibniz, Moses Mendelssohn und Gotthold Ephraim Lessing, keine deutschen Beamten werden konnten; daß Sigmund Freud und Albert Einstein es nicht bleiben durften, hat weder ihrer Wirksamkeit noch ihrem Ruf geschadet, sondern nur ihre ›Maßregler‹ der Verachtung, schlimmer noch: der Vergessenheit preisgegeben.

Aus: Tintenfisch 8. Jahrbuch für Literatur
Quartheft 73. 120 Seiten. DM 6.80

Die Bundesregierung setzt die von Engelmann beschriebene Tradition mit einem 1975 vorgelegten Zensurgesetz fort, genannt "Gesetz zum Schutze des Gemeinschaftsfriedens". Das hört sich so an: "Wer in einer Weise, die geeignet ist, den öffentlichen Frieden zu stören, öffentlich, in einer Versammlung oder durch Verbreiten von Schriften (§ 11 Abs. 3) eine der in § 126 Abs. 1 Nr. 1 bis 6 genannten rechtswidrigen Taten oder Bedrohungen von Menschen mit einer Gewalttätigkeit fordert oder befürwortet, wird mit einer Freiheitsstrafe . . . ." undso weiter. Was, bitte, ist eine Gewalttätigkeit, eine Bedrohung ein öffentlicher Frieden? Das sollen *deutsche* Richter entscheiden?

An unsere Leser!

Auf den folgenden Seiten stellen wir Ihnen das gesamte lieferbare Programm des Verlages vor. Aus zwei Gründen:

+ Wir möchten Ihnen zeigen, welche Bücher in diesem "Baader-Meinhof-Verlag" (so die Springerpresse) erscheinen.

+ Wir möchten Sie bitten, diese Bücher zu fördern und zu verbreiten.

Wer dem Verlag direkt die Kostenfolgen der Prozesse erleichtern will, kann Geld auf das Postscheckkonto Berlin W 1195 o9 1o4 überweisen oder vermögendere Freunde bitten, dies zu tun.

Wer unseren Verlagsalmanach "Zwiebel" jedes Jahr kostenlos erhalten möchte, den bitten wir um eine Postkarte. Auch Adressen von Freunden, die Sie über die Arbeit des Verlages informieren möchten, sind willkommen.

Sozialistisches Jahrbuch 4. Hrsg. W. Dreßen. Politik 41. *DM 6,50*
Bettelheim/Macciocchi u. a.: China 1972. Ökonomie, Betrieb und Kindererziehung seit der Kulturrevolution. Politik 42. *DM 6,50*
Foucault/Glucksmann u. a.: Neuer Faschismus, neue Demokratie. Politik 43. *DM 6,50*
Arno Münster: Chile – friedlicher Weg? Politik 44. *DM 7,50*
Hansmartin Kuhn: Der lange Marsch i. d. Faschismus. Politik 45. *DM 6,50*
Johannes Agnoli: Überlegungen zum bürgerlichen Staat. Politik 46. *DM 6,50*
Sozialistisches Jahrbuch 5. Hrsg. W. Dreßen. Politik 47. *DM 6,50*
Gilbert Mury: Schwarzer September. Politik 48. *DM 6,50*
Claudie Broyelle: Die Hälfte des Himmels. Frauenemanzipation und Kindererziehung in China. Politik 49. *DM 7,50*
Eugen Eberle/Tilman Fichter: Kampf bei Bosch. Politik 50. *DM 7,50*
SPD und Staat. Reformideologie; ›Friedenspolitik‹. Hrsg.: ›dsz‹. Politik 51. *DM 8,50*
Horst Kurnitzky: Triebstruktur des Geldes. Politik 52. *DM 8,50*
Rudi Dutschke: Versuch, Lenin auf die Füße zu stellen. Politik 53. *DM 13,50*
Widerstand in Chile. Dokumente, Manifeste des MIR. Politik 54. *DM 5,50*
Brückner u. a.: Das Unvermögen der Realität. Politik 55. *DM 9,50*
Walter Rodney: Afrika. Geschichte der Unterentwicklung. Politik 56. *DM 12,50*
René Schérer: Das dressierte Kind. Sexualität und Erziehung. Politik 57. *DM 6,50*
Jahrbuch Politik 6. Hrsg. Wolfgang Dreßen. Politik 58. *DM 7,50*
Brückner/Sichtermann: Gewalt und Solidarität. Politik 59. *DM 5,50*
C. L. Yu: Der Doppelcharakter des Sozialismus. Zur politischen Ökonomie der Volksrepublik China. Rev. auf dem Land. Politik 60. *DM 5,50*
Nathan Weinstock: Das Ende Israels? Nahostkonflikt und Zionismus. Politik 61. *DM 13,50*
Croissant/Schily u. a.: Politische Prozesse ohne Verteidigung? Politik 62. *DM 6,50*
C. L. Yu: Der Doppelcharakter des Sozialismus. Zur pol. Ökonomie der VR China. Revolution in der Stadt. Politik 63. *DM 6,50*
Wie eine **Bürgerinitiative** entsteht und **wie man sich dabei verändert. Das Beispiel Wyhl.** Hrsg. Nina Gladitz. Politik 65. *DM 8,50*
Jahrbuch Politik 7. Hrsg. Wolfgang Dreßen. Politik 66. *DM 8,50*
Es muß nicht immer Marmor sein. Bloch zum 90. Geburtstag. Politik 68. *DM 6,50*

WAGENBACHS TASCHENBÜCHEREI

Franz Kafka **In der Strafkolonie.** Geschichte aus dem Jahr 1914
Mit Quellen, Abbildungen, Materialien aus der Arbeiter-Unfall-Versicherungsanstalt und Anmerkungen von Klaus Wagenbach. WaT 1. 96 Seiten, DM 4.—
Das Buch enthält, in der Fassung des Erstdrucks, den vollständigen Text dieser berühmten Erzählung über Fortschritt und Folterlust, ergänzt um eine Fülle von Materialien zum biographischen und historischen Hintergrund.

Faust **Ein deutscher Mann.** Die Geburt einer Legende
und ihr Fortleben in den Köpfen. Von Klaus Völker. WaT 2. 192 S., DM 6.50
Faust, wahrhaft eine deutsche Figur: radikaler Wissenschaftler und zugleich Magier mit 'dunklem Drang' zu den 'Müttern'. Völkers Lesebuch sammelt Texte zu und über unsern Nationalhelden — von Paracelsus bis Hanns Eisler.

1848/49: Bürgerkrieg in Baden
Chronik einer verlorenen Revolution.
Zusammengestellt von Wolfgang Dreßen. WaT 3. 160 Seiten, DM 6.—
Diese Montage-Chronik berichtet nicht nur von Niederlagen und Siegen, sondern auch von Schlapphut-Terroristen, Großmäuligkeit, bäuerlicher Waffentechnik und von Studenten, die am liebsten Offiziers-Scnleppsäbel tragen.

Länderkunde: Indonesien Die Menschen, das Land, die Kultur
und was die holländischen Räuber daraus gemacht haben. Von Einar Schlereth. WaT 4. 128 Seiten, DM 5.50
Indonesien — heute ein freies Land der Reaktion — ist mit 125 Millionen Einwohnern auf 3000 Inseln der fünftgrößte Staat der Erde. Eine 'Länderkunde' im Wortsinn: Geographie, Kultur, Ökonomie und Religion.

Schlaraffenland, nimms in die Hand!
Kochbuch für Gesellschaften,
Kooperativen, Wohngemeinschaften, Kollektive und andere Menschenhaufen SOWIE isolierte Fresser. Von Peter Fischer, WaT 5. 192 Seiten, DM 7.50
Ein praktisches Handbuch gegen die Enteignung des Geschmacks: Nudellust, Schleckmarie, Mongolischer Hammeltopf, Schwarze Eier, Kartoffeldollar, Tonking-Suppe, Gazpacho, Bettelmann — 313 Rezepte. Mit Ratschlägen.

"bewahre uns Gott in Deutschland vor irgendeiner Revolution!"
Die Ermordung des Staatsrats v. Kotzebue durch den Studenten Sand im Jahr 1819. Dokumentiert und erläutert von Peter Brückner. WaT 6. 128 S., DM 5.50
Ein Zeitpanorama über Patriotismus, Universitätsstruktur, Studentenverbindungen, revolutionäre Umtriebe, Staatskontrolle und Berufsverbote. Mit einem Nachwort über die "Unmöglichkeit einer Hochschulreform".

Die Geschichte des Docktor Frankenstein
und seines Mordmonsters, oder die Allgewalt der Liebe. Von der Mensch-Maschine zur Gewalt-Maschine. Zusammengeschnitten und herausgegeben von Susanne Foerster. WaT 8. 128 Seiten, DM 5.—
Mary Shelleys Ur-Frankenstein wird seinen Nachfolgern mit dem Mittel der direkten Montage konfrontiert, Bilder und Texte der Gewalt: Gerichtsreportagen, Untergrundpornos, Testfotos, Geständnisse, Anweisungen.

Gracchus Babeuf Der Krieg zwischen Arm und Reich
Artikel, Reden, Briefe. Hrsg. von Peter Fischer. WaT 9. 128 Seiten, DM 6.—
Babeuf (1797 guillotiniert) wollte mit der "Verschwörung der Gleichen" die Große Französische Revolution gegen ihre Nutznießer fortführen: Volle politische Freiheit auch für die Armen; gleiche Verteilung aller Güter.

William Beckford Die Geschichte des Kalifen Vathek
Ein Schauerroman aus dem britischen Empire. Kommentiert von Gisela Dischner. WaT 10. 192 S, DM 7.50
Das Buch des exzentrischen 'Türme'-Lord Beckford (1781): Der nimmersatte Kalif Vathek auf der Jagd nach Gold und Attraktionen, nach den schönen Schrecknissen des Kapitals und des Unbewußten.

Quarthefte

Zeitgenössische Literatur in Einzelausgaben

KURT WOLFF Autoren, Bücher, Abenteuer.
CHRISTOPH MECKEL Tullipan. *Erzählung*
JOHANNES BOBROWSKI Mäusefest und andere Erzählungen
INGEBORG BACHMANN Ein Ort für Zufälle. *Prosa*
STEPHAN HERMLIN Gedichte und Prosa. *Eine Auswahl*
WOLF BIERMANN Die Drahtharfe. *Balladen, Gedichte, Lieder*
JAKOV LIND Eine bessere Welt. In fünfzehn Kapiteln. *Roman*
ERICH FRIED und Vietnam und. *Gedichte*
STEPHAN HERMLIN Die Zeit der Gemeinsamkeit. *Zwei Erzählungen*
CHRISTOPH MECKEL Bei Lebzeiten zu singen. *Gedichte*
JOHANNES BOBROWSKI Wetterzeichen. *Gedichte*
GIORGIO MANGANELLI Niederauffahrt. *Prosa*
ERICH FRIED Anfechtungen. *Gedichte*
BORIS VIAN Die Ameisen. *Sieben Erzählungen*
WALTER HÖLLERER / RENATE VON MANGOLDT Außerhalb der Saison
GÜNTER BRUNO FUCHS Zwischen Kopf und Kragen. *Geschichte und Bilder*
JAKOV LIND Angst und Hunger. *Zwei Hörspiele*
TINTENFISCH 1 Jahrbuch für Literatur 1968
MARINA ZWETAJEWA Gedichte
JOHANNES BOBROWSKI Der Mahner. *Erzählungen und Prosa*
VOLKER VON TÖRNE Wolfspelz. *Gedichte, Lieder, Montagen*
WOLF BIERMANN Mit Marx- und Engelszungen. *Gedichte, Balladen, Lieder*
JOHANNES SCHENK Zwiebeln und Präsidenten. *Gedichte*
TINTENFISCH 2 Jahrbuch für Literatur 1969
ERICH FRIED Die Beine der größeren Lügen. *Gedichte*
CHRISTOPH MECKEL Eine Seite aus dem Paradiesbuch. *Hörspiel*
TINTENFISCH 3 Jahrbuch für Literatur 1970
GIORGIO MANGANELLI Omegabet. *Prosa*
STEPHAN HERMLIN Scardanelli. *Hörspiel*
AIME CESAIRE Ein Sturm. *Stück für ein schwarzes Theater*
ERICH FRIED Unter Nebenfeinden. *Gedichte*
WOLF BIERMANN Der Dra-Dra. *Die große Drachentöterschau*
DIETER FORTE Martin Luther & Thomas Münzer. *Schauspiel*
TINTENFISCH 4 Jahrbuch für Literatur 1971
KURT BARTSCH Die Lachmaschine. *Gedichte, Songs, ein Prosafragment*
HARTMUT LANGE Die Ermordung des Aias. *Stück in drei Akten*
FLOH DE COLOGNE Profitgeier und andere Vögel. *Agitationstexte, Lieder*
PETER RÜHMKORF Lombard gibt den Letzten. *Stück*
TINTENFISCH 5 Jahrbuch für Literatur 1972
KLAUS STILLER Tagebuch eines Weihbischofs. *Prosa*
WOLFGANG DEICHSEL Frankenstein. Aus dem Leben der Angestellten
ERICH FRIED Die Freiheit den Mund aufzumachen. *Gedichte*
WOLF BIERMANN Für meine Genossen. *Hetzlieder, Balladen, Gedichte*
WOLF BIERMANN Deutschland. Ein Wintermärchen
GUSTAV ERNST Am Kehlkopf. *Erzählungen*
ERICH FRIED Gegengift. *Gedichte*
TINTENFISCH 6 Jahrbuch für Literatur 1973
JOHANNES SCHENK Die Genossin Utopie. *Gedichte*
TINTENFISCH 7 Jahrbuch für Literatur 1974
PETER RÜHMKORF Die Handwerker kommen. *Familiendrama*
RAINER KIRSCH Kopien nach Originalen. Portraits aus der DDR.
WERNER KOFLER Guggile. Vom Bravsein und vom Schweinigeln. *Prosa*
TINTENFISCH 8 Jahrbuch für Literatur 1975
ERICH FRIED Fast alles Mögliche. *Prosa*
HANS CHRISTOPH BUCH Aus der Neuen Welt. *Geschichten*
ADOLF ENDLER Nackt mit Brille. *Gedichte*

Andere Bücher aus der Abteilung Literatur

Atlas zusammengestellt von deutschen Autoren
10. Tausend. 320 Seiten, Halbleinen, DM 18.—
43 deutschsprachige Autoren haben für diesen Band "ihren" Ort beschrieben. Sämtl. Texte sind Originalbeiträge. Mit 45 Karten, Grundrissen und Bildern.

Franz Kafka — Ein Symposion Datierung, Funde, Materialien
4. Tausend. Zweite, veränderte Auflage. Mit Tafeln. 192 S., DM 16.80
Materialienbuch zu Leben und Werk Kafkas: Eine unbekannte Rezension (Raabe). Drei Literarische Mystifikationen (Pasley). Die zweite Verlobte (Wagenbach), Datierung sämtlicher Texte und Fragmente (Pasley/Wagenbach), Erstdrucke (Dietz), Frühe Rezensionen (Born) u. a.

Johannes Bobrowski Litauische Claviere. Roman
10. Tausend, 176 Seiten, Leinen, DM 14.80
Ein Roman des DDR-Schriftstellers, über Christian Donelaitis, litauischer Nationaldichter und Pfarrer in Tolminkehmen, der "Barometers" herstellte.

Lesebuch Deutsche Literatur der 60er Jahre. Hg. K. Wagenbach
157. Tausend. Veränderte und erweiterte Ausgabe. 224 Seiten, DM 6.80
Ein "Lesebuch für die Oberstufe", das die sechziger Jahre der deutschsprachigen Literatur in ungekürzten Texten vorstellt: 111 Texte von 76 Autoren; Mit Lebensdaten und einem Nachwort "Möglichkeiten, Fragen zu stellen".

Erich Fried Shakespeare-Übersetzungen

Sämtliche Stücke. Jeder Band enthält zwei Stücke. Bisher erschienen:

Richard II./Heinrich V.
136 Seiten, 4. Tausend. Leinenkaschiert, DM 8.80

Viel Getu um Nichts/Die lustigen Weiber von Windsor
128 Seiten, 4. Tausend. Leinenkaschiert, DM 8.80

Antonius und Kleopatra/Perikles, Fürst von Tyrus
112 Seiten, 4. Tausend, Leinenkaschiert, DM 8.80

Ein Sommernachtstraum/Was ihr wollt
136 Seiten, 4. Tausend. Leinenkaschiert. DM 8.80

König Cymbelin/Zwei Herren aus Verona
128 Seiten. 4. Tausend. Leinenkaschiert, DM 8.80

Hamlet/Othello
160 Seiten. 4. Tausend, Leinenkaschiert, DM 8.80

Maß für Maß/Romeo und Julia
128 Seiten. 4. Tausend. Leinenkaschiert, DM 8.80

Quartplatten

Ernst Jandl: Laut und Luise. Sprechgedichte. 17 cm Ø. DM 7.50

Wolf Biermann: Vier neue Lieder. Mit Plakat. 17 cm Ø. DM 7,50

Nachrichten aus Berlin: Texte und Lieder von Fuchs, Meckel, von Törne, Schnell u. a. 17 cm Ø. DM 7.50

Ernst Jandl: hosi + anna. Mit Textplakat. 17 cm Ø. DM 7.50

Warum ist die Banane krumm? Kinderplatte von Bichsel, Biermann, Floh de Cologne, Fuchs, Herburger, Jandl, Lettau, Reinig, Rühmkorf. Mit farbigem Textplakat. 30 cm Ø. DM 14.80

GRIPS-Kindertheater: Balle, Malle, Hupe und Arthur. Stück für Kinder, mit vielen Liedern. 30 cm Ø. DM 14.80

GRIPS-Kindertheater: Mannomann! Kinderstück. 30 cm Ø. DM 14.80

Die große *GRIPS-Parade.* 15 Lieder. 30 cm Ø. DM 14.80

Der Ziegenbock im Unterrock Kinderverse und -geschichten, gesammelt von Peter Rühmkorf. 17 cm Ø. DM 7.50

Gott schütze Österreich. Durch uns: Artmann, Bauer, Brus, Jandl, Mayröcker, Nitsch, Rühm u. a. 30 cm Ø. DM 22.–

GRIPS-Kindertheater: *Ein Fest bei Papadakis.* Ein Stück für Kinder mit vielen Liedern. 30 cm Ø. DM 14.80

Deutsch für Deutsche. Ein Sprachkurs für Zeitgenossen. Von Ludwig Harig und Michael Krüger. 30 cm Ø. 33 UpM. DM 22.–

GRIPS-Kindertheater: Nashörner schießen nicht. Stück für Menschen ab 9. Mit Liedern. Quartplatte 14. 30 cm Ø. 33 UpM. DM 14.80

„Der Rechts-Staat muss Heil bleiben!"